Mit Alibaba Produkte aus China importieren und ein eigenes E-Commerce Business aufbauen

Die ultimative Schritt für Schritt Anleitung

Christian Schwarz

Copyright ©2019 Christian Schwarz. Alle Rechte vorbehalten.

1. Auflage

ISBN: 9781079973136

Christian Schwarz, Karthauserstr. 6, 93051 Regensburg, Deutschland

Druck durch Amazon Media EU S.à r.l., 5 Rue Plaetis, L-2338, Luxembourg

Das Werk einschließlich all seiner Teile ist urheberrechtlich geschützt. Jede Verwertung ist ohne Zustimmung des Autors unzulässig und strafbar. Insbesondere gilt dies für Vervielfältigungen, Übersetzungen und Einspeisungen in elektronische Systeme.

Die deutsche Nationalbibliothek verzeichnet diese Publikation in der deutschen Nationalbibliographie. Detaillierte bibliografische Daten sind im Internet unter http://dnb.d-nb.de abrufbar.

Inhaltsverzeichnis

Wie ist dieses Buch aufgebaut?.. 10

Alibaba und das große Geld 12

   Wie alles begann... 13

   Alibaba Fun Facts:.. 14

   Englischlehrer müsste man sein.. 15

   Jack Ma Fun Facts 19

   Alibaba heute 20

   Darfs noch etwas weniger sein? 22

   So viele Sprachen, so wenig Zeit...................................... 24

   Das richtige Alibaba 26

Wie kann man mit Alibaba Geld verdienen? 28

   Aufgabe.. 31

Die wichtigsten Begriffe... 32

   MOQ = Minimum Order Quantity 33

   Sample 34

   FOB = Free On Board... 35

   Ex Works 36

   LCL = Less Than Container Load 37

   OEM = Original Equipment Manufacturer............ 38

   ODM = Original Design Manufacturer 39

TT = Telex Transfer/ Bank Wire Transfer 40

Escrow 41

Inspection 42

Quote/Quotation 43

Lead Time 44

Das richtige Produkt 46

In der Nische liegt das Geld 46

Quadratisch, praktisch, gut 48

Ich bin blöd und das ist auch gut so 49

Was ist letzte Preis? 51

Wo viel ist kann auch viel kaputt gehen 53

Mehr als Genug 54

Oh Tannenbaum, Oh Tannenbaum, wie schön sind deine Kugeln 56

Des Kaisers neue Kleider 58

Zu gut um wahr zu sein 60

Die Seife gut festhalten 61

Warum ist die Banane krumm? 62

Produkt Checkliste 63

Aufgabe 64

Der richtige Verkäufer 66

Geld stinkt nicht 67

Es ist nicht alles Gold was glänzt 68

Vertrauen ist gut, Kontrolle ist besser 69

Wie man in den Wald hineinruft so schallt es heraus 70

Romeo, Romeo! wherefore art thou Romeo? 72

Größe oder Technik? 73

Lieferanten Checkliste 75

Jetzt kommt der Spaß 76

Der Lieferant dein Freund und Helfer 78

Aufgabe 79

Validierung 80

Drum prüfe wer sich ewig bindet 81

Money, Money, Money allways funny 82

Ein Angebot das er nicht abschlagen kann 84

Die Gedanken sind frei 86

Der kleine Bruder 87

Aufgabe 88

Der Bestellprozess 90

Die richtige Menge 90

Die erste Nachricht 92

Die Verhandlung 94

Verhandlungs Checkliste 96

Kulturelle Unterschiede 97

Die Lieferung... 99

Der Zoll 104

Geld verdienen 106

Verkaufen bei Amazon.. 106

Mehr verkaufen bei Amazon.. 109

Verkaufen bei Ebay.. 113

Bei Amazon kaufen, bei Ebay verkaufen.............................. 116

Verkaufen über eine eigene Website..................................... 118

Die wichtigsten Plugins 124

On Page/Off Page 128

Andere Plattform.. 133

Auf vielen Hochzeiten tanzen... 134

Reinvestieren.. 135

Aufgabe 137

Skalieren 138

Toll ein anderer machts 139

Fulfillment by Amazon (FBA) 141

Tools 143

    Was mache ich überhaupt noch hier? 146

    Das Angebot erweitern 149

    Differenzieren 151

    Personalisieren 153

    Marke aufbauen 155

    Zu schnell zu viel 159

    Aufgabe 160

Was Sie jetzt tun sollten 161

Weitere Infos 164

    Bücher 165

Schreiben Sie mir 170

9

Wie ist dieses Buch aufgebaut?

Produkte aus Asien importieren und dann hier verkaufen. Ein wahrhaft umfangreiches Thema. Über fast alle Aspekte in diesem Buch könnte man ein eigenes Buch, teilweise auch mehrere, schreiben. Nur wäre man dann eben auch ewig mit lesen beschäftigt. Ich habe mich für einen anderen Weg entschieden: mein Ziel war es, Ihnen einen Überblick über alle relevanten Aspekte dieses Themenbereichs zu verschaffen. Von grundlegenden Fragen wie „wie funktioniert Alibaba" über die Auswahl des richtigen Produktes, bis hin zur Optimierung einer eigenen Website. Wenn Sie dieses Buch gelesen haben, dann sollten die „großen Fragen" geklärt sein und Sie können raus in die Praxis und anfangen das Gelernte umzusetzen. Auf diese Weise werden Sie sowieso deutlich mehr lernen, als aus Büchern. Für den Fall, dass Sie an einer Stelle noch weitergehende Informationen benötigen, habe ich Ihnen am Ende des Buches eine Liste von Büchern und Webseiten zu einer Vielzahl von Themen bereitgestellt. Aber wie gesagt: die Praxis ist entscheidend, in der Theorie werden Sie nicht zum Millionär. Da ich aus eigener Erfahrung weiß, wie schwer es sein kann, ins kalte Wasser zu springen und damit anzufangen, sich ein Geschäft aufzubauen, habe ich Ihnen am Ende vieler Kapitel Aufgaben gestellt. Selbstverständlich müssen

Sie diese nicht ausführen, falls Sie sich aber doch dazu entschließen, können Sie mit vielen kleinen Schritten Ihrem großen Ziel näherkommen.

Ich wünsche Ihnen viel Erfolg dabei!

Alibaba und das große Geld

Alibaba.com ist eine B2B Website die Händlern aus der ganzen Welt die Möglichkeit bietet, mit günstigen Lieferanten, vor allem aus Asien, in Kontakt zu treten, dort Waren zu bestellen und diese dann mit deutlichem Aufschlag in Europa oder Nordamerika zu verkaufen. Neben der Großhandelsplattform alibaba.com gehört auch die Website aliexpress.com zur Alibaba Gruppe. Diese Plattform richtet sich an Endkunden, weshalb dort auch einzelne Produkte verkauft werden und es keine Mindestabnahmemenge gibt. Weitere Geschäftsfelder der Gruppe sind der Online Bezahldienst Alipay, Cloud Computing Services und C2C Plattform Taobao, das chinesische Gegenstück zu Ebay, welches Mittlerweile über eine Milliarde Produkte anbietet und zu den 20 meist besuchten Websites der Welt gehört. Obwohl nicht so bekannt wie Amazon, ist Alibaba mittlerweile der größte E-Commerce Händler der Welt und setzt teilweise an einzelnen Tagen über 14 Milliarden Dollar um.

Wie alles begann

Das Wort Alibaba stammt nicht, wie man vielleicht vermuten könnte, aus China, sondern bezieht sich tatsächlich auf die Geschichte von Alibaba und den 40 Räubern, aus tausend und einer Nacht, („Sesam öffne dich" für alle deren Kindheit schon etwas weiter zurück liegt). Jack Ma, der Gründer von Alibaba hatte diese Idee in einem Coffee Shop in San Francisco. Um zu überprüfen, ob der Name auch allgemein geläufig sei, fragte er daraufhin 30 fremde Personen auf der Straße und siehe da: Menschen aus den unterschiedlichsten Kulturen kannten den Namen, konnten ihn aussprechen und hatten eine positive (Kindheits-)Erinnerung daran. Falls Sie also in ein paar Monaten auf der Suche nach einem Namen für Ihr Startup sein sollten, dann lesen Sie doch einfach ein paar Märchenbücher.

1999 wurde Alibaba von Jack Ma, seiner Ehefrau und 16 weiteren Partnern gegründet. Das Startkapital betrug 60.000 Dollar. 19 Jahre später, im Oktober 2018 liegt Alibabas Marktkapitalisierung bei 367 Milliarden Dollar. Nette Rendite oder? Zudem war die Website bereits zwei Jahre nach ihrer Gründung profitabel. Der aktuelle Gewinn liegt bereits bei über fünf Milliarden pro Jahr und die Aktie steigt weiter kontinuierlich.

Alibaba Fun Facts:

- 2014 kaufte sich Alibaba für knapp 200 Millionen Dollar beim Guangzhou Evergrande Football Club ein, einem der Top Klubs der chinesischen Super League.
- Online Händler scheinen ein Faible für Zeitungen zu haben. So wie Jeff Bezos von Amazon bei der Washington Post eingestiegen ist, hat Alibaba die South China Morning Post übernommen.
- Des Weiteren ist Alibaba an Groupon und dem Smartphone Hersteller Meizu beteiligt.
- Über Alibaba bekommt man so ziemlich alles, es gab sogar schon Versuche Uran über die Plattform zu verkaufen.
- Mit ca. 450 Milliarden Dollar Umsatz steht Alibaba für über 80% des Onlinehandels in China.

Englischlehrer müsste man sein

Wie sieht der Alltag eines Englischlehrers aus? Den Kindern das „th" beibringen? Den Kindern Vokabeln beibringen, während diese im Wörterbuch nach obskuren und lustigen Wörtern suchen? Ab und zu einen englischsprachigen Film anschauen, um sich ein, zwei Stunden Ruhe von den kleinen Scheißern zu erkaufen? So muss es doch nicht sein. Jack Ma hat es vorgemacht, gründen Sie einen E-Commerce Riesen und nach nicht einmal 20 Jahren sind Sie mit einem Vermögen von über 20 Milliarden Dollar (ergibt sich aus einem 8,8 prozentigen Anteil an der Alibaba Gruppe) in den Top 50 der weltweit reichsten Menschen. Gar nicht schlecht oder? Aber der Reihe nach:

1964 in China als Sohn zweier Musiker geboren, fand Ma schon früh Gefallen an der englischen Sprache. Wer könnte es ihm auch verdenken, das Inselvolk braucht schließlich keine 5000 Schriftzeichen um auch nur eine Tageszeitung lesen zu können. Um sein Englisch zu verbessern, bot er Ausländern kostenlose Führungen durch seine Heimatstadt Hangzhou an. Einem dieser Ausländer verdankt er auch seinen Namen „Jack". Beide unterhielten eine Brieffreundschaft doch Jacks chinesischer Name war in der Aussprache so kompliziert, dass er ihn kurzerhand Jack nannte. Geschadet hat es offenbar nicht. Nach neun Jahren als unbezahlter Stadtführer bewarb er sich beim Hangzhou Teacher's Institute und fiel durch die Aufnahmeprüfung. Ebenso beim zweiten Versuch. Erst im dritten Anlauf gelang ihm die Aufnahme an die Universität, wo er später zum Vorsitzenden der Studenten gewählt wurde und seine spätere Ehefrau Zhang Ying kennen lernte. Mit einem Bachelor in Englisch schloss Ma die Universität 1988 ab. Bewerbungen für 30 Jobs blieben erfolglos, sodass er im Anschluss als Englischlehrer arbeitete. Sein Monatslohn (!) zu dieser Zeit lag bei 12-15 Dollar. Ma macht kein Geheimnis daraus, dass sein Leben von Rückschlägen und Niederlagen geprägt war. Beispielsweise bewarb er sich einmal mit 24 Leuten in einem Unternehmen, 23 wurden genommen. Raten Sie mal wer nicht? Auch sein Versuch in Harvard zu studieren schlug fehl, zehnmal wurde er von der renommierten amerikanischen Universität abgelehnt.

Seine ersten unternehmerischen Erfahrungen sammelte er 1995 während eines USA Besuchs in Seattle. Im damals noch jungen Internet suchte er nach „beer" (Geschmack hat er jedenfalls) und fand auch etliche Informationen, allerdings keine mit Bezug zu China, auch Suchanfragen nach China im Allgemeinen brachten nicht viele Ergebnisse. Ma entschied sich, daraus ein Geschäft zu machen und erstellte gemeinsam mit einem Freund eine Website über China. Nur Stunden nachdem diese online war, erhielt er erste Mails von Leuten, die ihn kennen lernen wollten. Dadurch bestärkt, sammelte er zusammen mit seiner Frau und einem Freund 20.000 Dollar Risikokapital ein und gründete seine erste Firma: China Yellowpages, die einfache Webseiten für Unternehmen erstellte. China Yellowpages gilt als erste chinesische Internetfirma und brachte ihren Gründern innerhalb von nur drei Jahren 800.000 Dollar ein.

1999 ging er zurück nach Hangzhou und gründete gemeinsam mit seiner Frau und 16 weiteren Partnern in seinem Apartment die Business to Business (B2B) Plattform Alibaba. Bereits im Oktober 1999 und im Januar 2000 konnte er Venture Capital in Höhe von 25 Millionen Dollar einsammeln. Bereits 2003 folgten die Plattformen Taobao (Ebay Pendant) und Alipay (PayPal Äquivalent). Ein Kaufangebot von Ebay lehnte Ma ab, dafür beteiligte sich Yahoo später mit einem Investment von einer Milliarde Dollar, dessen Wertentwicklung wohl der einzige Grund war, warum Yahoo nicht schon deutlich früher zerschlagen und in Einzelteilen verkauft wurde.

Alibabas Börsengang im Jahr 2014 in New York war zu diesem Zeitpunkt der größte Börsengang in der amerikanischen Geschichte und brachte Alibaba 25

Milliarden Dollar ein. Bereits im Jahr 2007 war die Firma in Honkong an die Börse gegangen, hatte sich aber 2012 wieder zurückgezogen.

Das Geheimnis seines Erfolgs sieht Ma darin, dass er „kein Geld, keine Technologie und keinen Plan" hatte und deshalb jeden einzelnen Dollar so sinnvoll wie möglich einsetzen musste. Auch seine vielen Fehlschläge im Leben haben ihn nicht davon abgehalten, eines der größten Unternehmen der Welt aufzubauen. Wenn es bei Ihnen also auch nicht von Anfang an klappen sollte, dann machen Sie sich keinen Kopf, sondern versuchen es einfach weiter. Wenn Sie es richtig aufziehen, dann können Sie ihr Import Business ganz bequem neben Ihrer eigentlichen Arbeit, oder Ihrem Studium, aufbauen und erst dann den Absprung wagen, wenn sich abzeichnet das es größeres daraus wird. Alles was sie tun müssen ist anzufangen.

Jack Ma Fun Facts

- Ma besitzt mehrere Weingüter in Frankreich.
- Zum Launch seiner ersten Website lud Ma Freunde und Familie ein, sie warteten mehrere Stunden bis die Seite schließlich online war (dieses Feeling ist auch heute noch erlebbar, man braucht nur den richtigen Provider…)
- Weil chinesische Produkte nicht unbedingt für ihre Qualität berühmt sind, gaben sich Ma und seine Mitarbeiter anfänglich als Amerikaner aus.
- Obwohl er lange Zeit eine der größten Tech Firmen der Welt leitete, gibt Ma an, wenig über Technologie zu wissen. So kann er beispielsweise nicht selbst programmieren.
- Ma war einmal mehrere Tage in Gefangenschaft eines amerikanischen Geschäftsmannes der „einen Deal nachverhandeln wollte" laut Ma indem er mit seiner Pistole spielte. Ma gelang schließlich die Flucht, sein Ticket in die Heimat bezahlte er mit Geld, das er zuvor an einem Spielautomaten gewonnen hatte. Warum wird eigentlich jeder Blödsinn verfilmt aber diese Geschichte noch nicht?

Alibaba heute

Alibaba ist heute eine der größten E-Commerce Firmen der Welt. Zwar hat das in den Medien präsentere Amazon eine höhere Marktkapitalisierung und zumindest in Europa und Amerika auch einen deutlich höheren Bekanntheitsgrad, aber bei den nackten Zahlen liegt Alibaba meistens vorne. Sie glauben mir nicht?

- 434 Millionen Menschen nutzen Alibaba
- 12,7 Milliarden Bestellungen gehen jährlich bei Alibaba ein
- Jährlich sind 8,5 Millionen Verkäufer bei Alibaba aktiv
- Jedes Jahr verschickt Alibaba fünf Milliarden Pakete
- Von 190 Ländern auf der Welt aus wird bei Alibaba eingekauft
- 131.000 betrügerische Verkäufer wurden bist jetzt von der Plattform verbannt
- Pro Sekunde gibt es über 85.000 Bestellungen auf Alibaba

Nicht zu verachten oder? Sie wollen ein kleines Stückchen von diesem zig Milliarden schweren Kuchen? Dann lesen Sie weiter und lernen hier die Grundzüge, die Feinheiten werden Sie nur dann kennenlernen, wenn Sie selbst einsteigen, aus diesem Grund sollten Sie dieses Buch auch nicht nur in einem Rutsch durchlesen (auch wenn es nett geschrieben sein mag) sondern immer auch die Aufgaben befolgen die Sie am Ende vieler Kapitel finden.

Darfs noch etwas weniger sein?

Sie haben kein Interesse daran, mittels Alibaba ein Import Business aufzubauen? Sie lesen dieses Buch nur, weil der neueste Thriller noch nicht lieferbar ist oder weil Ihnen das Cover gut gefallen hat? Nun, vielleicht können Sie dennoch einen kleinen Tipp mitnehmen. Zum Alibaba Imperium gehört auch die Website Aliexpress. 2010 gegründet (also deutlich später als viele andere Seiten der Gruppe) richtet sie sich an kleinere Firmen, die ihre Waren an internationale Kunden verkaufen wollen. Wenn Sie also nicht gleich Container voller Haushaltswaren, Werkzeugen oder Dekoartikeln importieren wollen, sondern nur einen Weg suchen, um günstig online einzukaufen, dann schauen Sie sich Aliexpress an. Dort finden Sie keine Mindestbestellmenge, dafür eine Vielzahl an Angeboten zu vernünftigen Preisen, logischerweise nicht ganz so attraktiv wie wenn Sie riesige Mengen auf Alibaba abnehmen, aber dennoch günstiger als der Onlineshop in der Heimat. Die meisten Informationen zur Auswahl von Lieferanten, Einfuhr von Produkten etc. lassen sich zudem ohne Probleme von Alibaba auf Aliexpress übertragen, wenn Sie also kein Problem damit haben etwas länger auf Ihre Einkäufe zu warten (selbst per Flugzeug vergehen 2-3 Tage, auf traditionellem Weg eher 3-4 Wochen) und sich relativ sicher sind, keine Rücksendungen in Anspruch nehmen zu müssen (sich mit einer Firma am anderen Ende der Welt zu streiten führt erfahrungsgemäß eher selten zum Erfolg), dann könnte Aliexpress die Plattform Ihrer Wahl sein.

So viele Sprachen, so wenig Zeit

Da dieses Buch auf Deutsch geschrieben ist, werden Sie vermutlich aus dem deutschsprachigen Raum kommen. Statt der internationalen (d.h. englischen) Plattform alibaba.com können Sie also auch die deutschsprachige Version german.alibaba.com nutzen. Diese Website an sich ist auf Deutsch gut verständlich, wenn die Übersetzungen teils auch ein wenig eigentümlich klingen, aus „vehicle equipment" wird da schon mal „Fuhrwerkszubehör". Die Produktbeschreibungen sind zwar auch auf Deutsch, allerdings in einem, bei dem man jeden Satz gefühlt zweimal lesen muss, um ihn zu verstehen. Wenn Sie sich diese Deutch/Deutsch Übersetzung sparen wollen, besuchen Sie am besten einfach direkt die englischsprachige Version. Spätestens bei der Kommunikation mit den Lieferanten werden Sie eh nicht mehr um englisch herumkommen, es sei denn, Sie wollen sich bei kritischen Details wie Bezahlungsmethoden, Lieferbedingungen und Qualität auf den Google Übersetzer verlassen. Ich würde es nicht empfehlen. Schon mit englisch wird es manchmal zu Kommunikationsschwierigkeiten kommen und das bei einer Sprache, die im Prinzip jeder auf der Welt spricht, andere Sprachen sind hingegen geradezu eine Einladung für Missverständnisse.

Das richtige Alibaba

Warum teuer, wenn es auch billig geht? Und warum billig, wenn es auch noch billiger geht? Wenn Sie so denken, werden Sie vielleicht in Versuchung kommen, auch mal eine andere Seite als Alibaba auszuprobieren. Es gibt schließlich genug B2B Seiten, die Ihnen versprechen Sie mit den günstigsten und besten Lieferanten der Welt zusammenzubringen. Wenn Sie ein bisschen im Internet stöbern, werden Sie tatsächlich Websites finden die Ihnen noch bessere Deals als Alibaba anbieten. Mein Rat? Finger weg! Ich will nicht ausschließen, dass sich auch seriöse Anbieter finden lassen und dass es wohl immer möglich ist, einen noch besseren Deal zu finden. Aber auf einer Vielzahl dieser Seiten wird man Sie schlicht abzocken. Wenn Sie Pech haben, sitzen Sie dann völlig ohne Ware da, wenn Sie etwas weniger Pech haben (wie man´s nimmt) dann sitzen Sie auf mehreren hundert Kilo unverkäuflicher Ware (um deren Entsorgung Sie sich dann kümmern müssen). Natürlich ist auch bei Alibaba nicht alles Gold was glänzt, auch dort gibt es schwarze Schafe, auch dort wird man versuchen Sie über den Tisch zu ziehen. Aber die Website verspricht Ihnen zumindest ein Mindestmaß an Kontrolle, wenn Sie dazu noch einige Regeln zur Auswahl des richtigen Lieferanten befolgen, dann können Sie Ihr Risiko signifikant verringern.

Wie kann man mit Alibaba Geld verdienen?

Über Alibaba können Sie direkt bei den Herstellern in Asien einkaufen und sparen sich den Umweg über Mittelsmänner, wie Importeure oder Groß- und Einzelhändler. Entsprechend gut sind die Preise, die Ihnen angeboten werden. Dazu an dieser Stelle ein kleines Experiment: Rufen Sie die Alibaba Website auf (deutsche oder englische Version). Geben Sie „IPhone Case" in die Suchleiste ein. Schauen Sie sich die Ergebnisse auf der ersten Seite an, von teuren Lederhüllen die 4-6 Dollar kosten bis hin zu knallbunten Plastikhüllen für 10 Cent ist hier alles dabei. Öffnen sie jetzt einen weiteren Tab in Ihrem Browser und rufen die Amazon Website auf. Tippen Sie „IPhone Case" oder „IPhone Hülle" ein und vergleichen Sie die Ergebnisse. Die meisten Bilder werden Ihnen bekannt vorkommen (der Hersteller lässt Sie in der Regel seine professionellen Bilder verwenden, aber dazu später mehr) aber was ist mit den Preisen? Die simplen Plastikhüllen, die Sie eben noch für 10 Cent gesehen haben kosten nun 5 Euro, Lederhüllen gehen für 20-50 über den virtuellen Ladentisch. Nehmen Sie die Anzahl der Bewertungen als Indikator für die Häufigkeit der Verkäufe. Nur wenige Kunden bewerten ein gekauftes Produkt, wenn sie also 1800 Bewertungen sehen, können Sie sich ausmalen, wie oft dieses Produkt pro Tag verkauft wird. Wenn Sie jetzt die Preisdifferenzen berücksichtigen, können Sie sich denken, wie viel Geld hier zu holen ist. Dazu sei noch angemerkt, dass Handyhüllen ein eher umkämpfter Markt sind, auf dem sich viele Anbieter tummeln. Stellen Sie sich erst mal die Margen in einer Produktkategorie vor, in der Sie die Preise bestimmen können. Oder noch besser: vergleichen Sie es selbst, stöbern sie parallel bei Amazon und Alibaba in den Produktkategorien und erfreuen sich an den gewaltigen Preisdifferenzen von mehreren hundert bis über tausend Prozent.

Aber das Ganze muss doch einen Haken haben? So einfach kann es doch nicht sein? Stimmt, natürlich ist ein Einkauf bei Alibaba etwas komplizierter als bei Amazon. Alibaba ist eine B2B Plattform, richtet sich also nicht an Endkunden, sondern an Leute, die die Produkte weiterverkaufen möchten. Dementsprechend können Sie in der Regel auch keine einzelnen Produkte kaufen (dafür gibt es aber die Plattform Aliexpress, die sich direkt an den Verbraucher richtet). Unter dem Preis finden Sie die gewünschte Mindestabnahmemenge. Bei Handyhüllen üblicherweise 20 bis 200 Stück. Sie müssen also größere Mengen abnehmen und somit auch mehr Kapital investieren. Allerdings sind 200 * 0,10 nur 20 Euro, wenn sie jetzt noch je den gleichen Betrag für Versand und Zoll ansetzen, sind sie bei 60

Euro. Verkauft werden die Hüllen bei Amazon für 5. D.h. 200 * 5,0 = 1000 Euro. Selbstverständlich ist diese Rechnung extrem vereinfacht, aber Sie können sehen, wo die Reise hingeht. Wenn Sie ein gutes Produkt finden und den Mut haben, neben Ihrer Arbeit oder Ihrem Studium ein paar Stunden Ihrer Zeit und etwas Geld zu investieren, dann kann Alibaba für Sie zu einer Goldgrube werden.

Aufgabe

Vergleich Sie ein paar Preise. Im Moment spielt die Wahl des richtigen Produkts noch keine Rolle, dazu kommen wir gleich. Es geht nur darum, dass Sie ein Gefühl für die Differenzen zwischen dem Einkaufspreis beim Hersteller in China und dem Endpreis der Konsumenten in Europa bekommen. Suchen Sie sich entweder bei Alibaba oder bei Amazon 10 Produkte aus unterschiedlichen Kategorien und versuchen sie diese Produkte auf der jeweils anderen Plattform wieder zu finden. Probieren sie gegebenenfalls sowohl die deutsche als auch die englische Bezeichnung aus.

Die wichtigsten Begriffe

Sie können entweder auf der internationalen Seite alibaba.com einkaufen, oder auf der deutschen Version german.alibaba.com. In beiden Fällen sollten Sie des Englischen mächtig sein. Gewöhnen sollten Sie sich auch daran, dass der Name des Produkts eher eine Aufzählung von Keywords ist als ein aussagekräftiger Titel (Beispielsweise: 2018 uhren männer automatische uhren holz uhr) aber diese Unsitte findet man mittlerweile auch auf anderen Plattformen. Ein paar Besonderheiten werden Ihnen aber auch begegnen, die Sie auf B2C Plattformen noch nicht kennen, beispielsweise spezielle Begriffe. Die wichtigsten möchte ich Ihnen hier kurz vorstellen, damit Sie später nicht wie der Ochs vorm Berg stehen, sondern den Eindruck erwecken Sie wären schon lange im Geschäft und mit allen Wassern gewaschen.

MOQ = Minimum Order Quantity

Zu Deutsch Mindestbestellmenge. In manchen Fällen stellt diese Zahl aber auch nur die Anzahl dar, die der Lieferant gerne verkaufen würde. Anfragen über geringere Mengen müssen also nicht aussichtslos sein. Allerdings sollten Sie die Zahl schon als groben Richtwert nehmen, wenn die MOQ bei 5000 Stück liegt wird ihre Anfrage über 20 höchstwahrscheinlich ignoriert. In der Regel werden Sie, wenn sie die MOQ bestellen, einen Preis am oberen Ende der angegebenen Spannweite bezahlen, liegen Sie mit Ihrer Bestellung deutlich über der Mindestmenge, nähern Sie sich dem unteren Ende (und bekommen irgendwann auch Preise die so nicht auf der Plattform stehen). Bei manchen Anbietern finden Sie sogar direkt die gestaffelten Preise in Abhängigkeit von der abgenommenen Menge. Auch wenn die Versuchung groß ist, direkt am Anfang hohe Mengen zu bestellen, um sich noch günstigere Preise zu sichern: halten Sie sich anfangs etwas zurück, bis Sie sicher sein können, dass Ihr Geschäftsmodell tragfähig ist. Es ist niemandem geholfen, wenn Sie sich direkt die ganze Wohnung voller Waren vollstapeln und dann vielleicht keinen Abnehmer finden.

Sample

Ein Sample ist eine Produktprobe. Bevor Sie sich dazu entschließen mit einem Hersteller eine Geschäftsbeziehung einzugehen, sollten Sie sich unbedingt von der Qualität seiner Produkte überzeugen. Ebenso sollten Sie sicherstellen, dass sich Ihr Produkt in Europa auch gut verkaufen lässt. Zu diesem Zweck sollten Sie von allen Lieferanten, die Sie in Betracht ziehen, einige Samples bestellen und auf Herz und Nieren testen (dazu später mehr). Diese Samples werden dann per Luftfracht verschickt, sodass Sie bald etwas zum Anfassen in den Händen haben. Wenn Sie irgendwann dick mit dem Lieferanten im Geschäft sind, werden Sie Samples neuer Produkte auch umsonst bekommen, für den Anfang müssen sie aber noch bezahlen. Investieren Sie ein paar Euros in Samples möglichst vieler verschiedener Hersteller, bis Sie den richtigen gefunden haben. Diese Vorgehensweise wird Ihnen viel Ärger ersparen.

FOB = Free On Board

Das bedeutet, dass der Hersteller die Kosten für den Transport bis zum nächsten Hafen übernimmt, erst ab diesem Punkt sind Sie, beziehungsweise Ihr Spediteur, für den Transport verantwortlich. In der Regel ist diese Versand Variante Standard. Bei Samples können Sie sich die Frage nach dem Versand in der Regel sparen, da diese meistens per Luftfracht verschickt werden. Ihre eigentliche Bestellung kommt dagegen üblicherweise per Seefracht (braucht also entsprechend länger nach Europa). Auf Ihren Wunsch hin, sollte aber auch die Lieferung größerer Mengen per Flugzeug kein Problem darstellen, wenn Sie die Waren schnell brauchen kann dies sogar sinnvoll sein. Den Geschwindigkeitsvorteil bezahlen Sie dann allerdings mit höheren Versandkosten.

Ex Works

Das Gegenteil von FOB. Sie sind schon ab dem Werksgelände des Herstellers für den Transport verantwortlich. Je nachdem wie weit Ihr Hersteller also im Inland sitzt, können hier noch ordentliche Kosten auflaufen. Dafür sollte der Einkaufspreis dann niedriger sein. Für den Anfang sollten Sie sich einen Hersteller suchen der FOB liefert, dort zahlen Sie zwar im Endeffekt auch den kompletten Transport da der FOB Preis höher ist als der Ex Works Preis, aber Sie müssen sich um weniger kümmern.

LCL = Less Than Container Load

Vermutlich werden Sie anfangs keinen kompletten Container bestellen, sondern kleinere Mengen. LCL bedeutet, dass die Waren mehrerer Eigentümer zusammen in einem Container verschickt werden. Das Gegenteil ist dann FCL, der Full Container Load. Wie genau Ihre Waren dann verschickt werden, sollten Sie Ihrem Spediteur überlassen aber es kann nicht schaden den Begriff schon einmal gehört zu haben.

OEM = Original Equipment Manufacturer

Auf Alibaba finden Sie nicht nur Hersteller, sondern auch Händler. Aus zwei Gründen sollten Sie sich an letztere halten. Erstens: warum einen Mittelsmann bezahlen, wenn man direkt an der Quelle kaufen kann? Zweitens: Ein Hersteller besitzt die Produktionsmaschinen, kann also auch Dinge nach Ihren Wünschen liefern. Beispielsweise Logos anbringen, Markennamen aufdrucken. Für Ihre ersten Lieferungen werden Sie diese Option vermutlich noch nicht benötigen, aber wenn Sie später in Ihrer Nische etabliert sind, kann es äußerst sinnvoll sein, sich eine eigene Marke aufzubauen. Dadurch schaffen Sie für Ihre Kunden einen Wiedererkennungswert und können mit der Zeit auch höhere Preise durchsetzen. Wenn Sie sich diese Option also offenhalten wollen, dann fragen Sie Ihren Lieferanten schon am Anfang Ihrer geschäftlichen Beziehungen ob er ein OEM (also ein Hersteller der Produktionsmaschinen besitzt) ist.

ODM = Original Design Manufacturer

Je größer Ihre Einkaufsvolumina, umso wichtiger werden Sie für den Hersteller und umso mehr kommt er Ihnen auch entgegen. ODM bedeutet, dass Sie tatsächlich in den Designprozess eingebunden werden, sich also ein Produkt ganz nach Ihren Wünschen und Vorstellungen schaffen können. Dabei haben Sie sowohl die Möglichkeit ein Produkt komplett selbst zu entwerfen (im Rahmen des technisch möglichen) als auch die Designteams des Herstellers mit Ihren Vorschlägen zu unterstützen. Wenn Sie anfangs ein paar hundert Einheiten abnehmen wird man Ihnen dies kaum anbieten, aber für die Zukunft sollten Sie wissen, dass diese Möglichkeit existiert.

TT = Telex Transfer/ Bank Wire Transfer

Bedeutet Telegrafische Überweisung und ist eine übliche Bezahlmethode bei Alibaba. Persönlich würde ich eher zu PayPal raten oder dazu Alibabas Secure Payment Service in Anspruch zu nehmen. Dabei überweisen Sie das Geld an Alibaba und erst wenn Sie den Erhalt der Lieferung bestätigt haben wird das Geld an den Lieferanten weiter überwiesen. Üblich sind außerdem 30% Anzahlung damit der Auftrag beginnen kann, der Rest wird nach Erhalt der Lieferung bezahlt.

Escrow

Ein Escrow Agent ist ein Mittelsmann, an den Sie Ihr Geld überweisen und dem Sie dann nach Erhalt und Prüfung der Ware das Ok zur Weiterüberweisung an den Lieferanten geben. Alibaba bietet diese Dienstleistung selbst an und vermittelt auch andere Escrow Agents. Wenn Sie größere Mengen bei einem noch unbekannten Lieferanten bestellen, ist dies sicher eine gute Möglichkeit sich abzusichern. Wenn Sie nur für 100 oder 200 Euro kaufen wird sich diese Dienstleistung aber vermutlich nicht rentieren.

Inspection

Eigentlich selbsterklärend: Inspektion. Sie können auf Alibaba nicht nur Waren erwerben, sondern auch Dienstleistungen. Beispielsweise einen Inspektor der im Werksgelände des Herstellers, oder im Hafen Ihre Lieferung öffnet, auf die gewünschte Qualität prüft und Ihnen dann Fotos etc. davon schickt. So können Sie sich bereits von der Qualität der Ware überzeugen bevor diese die Fabrik beziehungsweise das Land verlassen hat.

Quote/Quotation

Der Preis für eine bestimmte Menge. Sie fragen beispielsweise nach dem Stückpreis bei 300 Einheiten. Die Antwort des Verkäufers (z. B. 5,50 pro Stück) ist dann eine Quote.

Lead Time

Die Lead Time ist die Zeit, die für die Ausführung Ihres Auftrages benötigt wird. Diese sollten Sie erfragen, bevor sie bestellen damit Sie nicht in die Situation kommen, Ihre Waren zu einem bestimmten Zeitpunkt nicht vorrätig zu haben (bei Handyhüllen noch zu verschmerzen, aber wenn man bei Weihnachtsschmuck das Weihnachtsgeschäft verpasst, dann schlägt das schon ins Kontor). Außerdem wissen Sie dann, wie lange Ihre Anzahlung blockiert ist, dieses Geld müssen Sie ja schon vor Beginn des Auftrags überweisen, bei einer langen Lead Time entstehen Ihnen also Opportunitätskosten durch entgangene Zinsen oder andere Investitionsmöglichkeiten.

Mit diesen Begriffen sollten Sie für den Anfang gut gerüstet sein, versuchen Sie diese auch zu benutzen. Erstens ist „What's your MOQ?" wesentlich kürzer als „I would like to know how many units I have to oder" und zweitens lässt es Sie deutlich professioneller wirken, was wiederum bedeutet, dass Sie nicht ganz so schlimm über den Tisch gezogen werden. Anfangs werden die Begriffe vielleicht ungewohnt klingen, aber wenn Sie sich damit beschäftigen, werden Sie Ihnen bald in Fleisch und Blut übergehen. So sehr, dass Sie irgendwann in einem Restaurant gedankenverloren nach der MOQ von Wiener Schnitzel fragen...

Das richtige Produkt

Wer hätte das gedacht, das Produkt ist ein entscheidender Baustein Ihres zukünftigen Erfolges. Prinzipiell können Sie mit so gut wie jedem Produkt Geld verdienen, in manchen Sparten werden Sie allerdings auf größere Konkurrenz treffen, andere Produkte erfordern mehr Aufmerksamkeit bei der Logistik und wieder andere sind schlicht illegal. Wenn Sie sich hier also ausgiebig Gedanken machen, können Sie sich später viele Probleme und umnehme Überraschungen ersparen.

Auf Ihr perfektes Produkt sollten die folgenden Merkmale zutreffen:

In der Nische liegt das Geld

Die Versuchung liegt nahe, Dinge zu verkaufen, die man selbst auch hin und wieder kauft: Handyhüllen, T-Shirts etc. Natürlich können Sie mit solchen Produkten ein profitables Business aufbauen, nur werden Sie kaum der einzige sein, sondern haben dann das Vergnügen, sich mit zig anderen Anbietern um die Kunden zu prügeln. Also warum kompliziert, wenn es auch einfach geht? Suchen Sie sich eine Nische in der Sie der einzige, oder zumindest einer von wenigen Anbietern, sind. Natürlich werden Sie hier etwas Zeit investieren müssen, um ein Produkt zu finden, welches in ausreichenden Mengen nachgefragt wird und gleichzeitig eine überschaubare Anbietersituation aufweist. Die Mühe zahlt sich allerdings aus, wenn Sie später üppige Margen auf den Einkaufspreis aufschlagen können. Auch hier können Sie wieder Amazon zu Rate ziehen, um das Marktvolumen eines Produktes abzuschätzen. Geben Sie den Namen Ihres gewünschten Produktes in die Suchleiste ein, hierbei sollten Sie möglichst genau sein. Schauen Sie dann wie viele Treffer Sie landen und wie viele davon tatsächlich zu Ihrer Suche passen (diese beiden Zahlen werden sich meist deutlich unterscheiden). Schauen Sie sich die Preisstrukturen der bestehenden Anbieter an, gibt es eher teure Produkte? Oder eher günstige? Wo könnten Sie noch einen Platz für sich finden? Auch ein Blick in die Kundenrezensionen kann sich lohnen, was wird dort bemängelt? Eher der Preis oder die Qualität? Wenn Sie ein Produkt finden, dass von vielen als zu teuer angesehen wird, haben Sie die Möglichkeit hier mit einem billigeren in den Markt einzutreten. Ebenso verhält es sich bei der Qualität, schauen Sie nach was die Kunden wollen. Die Anzahl der Rezensionen können Sie übrigens auch als Indikator dafür verwenden, wie häufig das Produkt verkauft wird, je mehr Rezensionen umso häufiger geht ein Produkt über den virtuellen Ladentisch.

Quadratisch, praktisch, gut

Sicher können Sie auch mit importierten Gartenhäusern, Küchen und Aufsitzrasenmähern Geld verdienen, solche Produkte haben aber den entscheidenden Nachteil, dass sie groß und sperrig sind, entsprechend Platz brauchen und somit hohe Lieferkosten verursachen. Sowohl für Sie, als auch später bei Ihren Kunden. Diese Probleme ersparen Sie sich ganz einfach, indem sie darauf achten, dass Ihr Produkt gut zu verschicken ist, also weder schwer, noch sperrig noch ungewöhnliche Abmessungen hat.

Ich bin blöd und das ist auch gut so

Wenn Sie sich bereits in einer Nische gut auskennen, können Sie diese natürlich als Ausgangspunkt für Ihre geschäftlichen Aktivitäten heranziehen. Insiderwissen über Anbieter und Margen kann durchaus ein Vorteil sein. Allerdings sollten Sie auch die möglichen Nachteile bedenken. Wenn Sie sich aufgrund Ihres Berufs gut in einer bestimmten Branche auskennen, ist Ihr Chef wahrscheinlich nicht so begeistert, wenn Sie anfangen ihm Konkurrenz zu machen (natürlich gibt es auch umgekehrte Beispiele, in denen die alte Firma zum ersten Handelspartner der neuen wurde). Zudem sind Sie als Branchenkenner auch mit den ganzen Konventionen und Gepflogenheiten vertraut, das ist sicher in vielen Situationen hilfreich, in anderem kann es aber auch wie ein Brett vor dem Kopf sein. Lange Rede kurzer Sinn: es schadet nicht, wenn Sie von einer Branche keine Ahnung haben, so haben Sie immerhin einen frischen und unverbrauchten Blick auf die Dinge und sind nicht von einer „Das haben wir schon immer so gemacht" Denkweise eingeengt. Im ersten Moment mag die Idee mit etwas Geld zu verdienen von dem man keine Ahnung hat, absurd erscheinen. Wenn Sie also etwas Motivation benötigen, dann googlen Sie doch einfach mal nach „Teekampagne Günther Faltin". Die von Professor Faltin gegründete Teekampagne importiert hochwertigen Darjeeling Tee aus Indien und verkauft diesen in Großpackungen weiter. So werden sehr attraktive Preise möglich. Klingt gut oder? Nun kommt das interessante: auch Professor Faltin hatte weder Erfahrung im Teegeschäft noch einen persönlichen Bezug dazu, dennoch ist es Ihm gelungen, ein erfolgreiches Unternehmen aufzubauen. Sollten Sie noch mehr von Ihm hören wollen, dann kann ich seine beiden Bücher „Kopf schlägt Kapital" und „Wir sind das Kapital" wärmstens empfehlen.

Selbstverständlich soll das nun keine Ermutigung sein, sich blindlings auf ein Produkt in einer unbekannten Branche zu stürzen. Es ist nicht schlimm, wenn Sie anfangs keine Ahnung haben, bevor Sie aber größere Mengen an Geld oder Arbeitszeit investieren, sollten Sie dringend Ihre präferierte Branche eingehend analysieren.

Was ist letzte Preis?

Prinzipiell können Sie sowohl mit Artikeln im Cent Bereich, als auch mit Luxuswaren ein Business aufbauen. Allerdings müssen Sie bei ersterem entsprechend viel importieren um auf Ihren Schnitt zu kommen (und möglicherweise hat die Ehefrau ein Problem damit, wenn sich das heimische Schlafzimmer in ein Warenlager verwandelt). Ganz zu schweigen davon, dass Kleinvieh auch Mist macht d.h. Platz wegnimmt und sie dementsprechend hohe Versandkosten haben werden. Sowohl beim Import aus Asien, als auch beim Weiterversand an Ihre Kunden. Wenn Ihre Versandkosten erst mal höher sind als Ihr Verkaufspreis, dann haben sie vermutlich das falsche Produkt. Bei Luxusgütern hingegen, sollten Sie bedenken, dass mit zunehmendem Preis auch die Marke immer entscheidender wird. Wenn Sie keine starke Marke in Ihrem Segment haben, dann werden Sie vermutlich auch keine Spitzenpreise verlangen können. Außerdem kommt hinzu, dass Sie von teureren Produkten anfangs nicht so viele bestellen können, weil Ihr Kapital limitiert ist. Daraus resultiert dann ein Klumpenrisiko: wenn Sie nur zwei Einheiten eines Produktes bestellen und eines davon ist bereits fehlerhaft, oder kann aus einem anderen Grund nicht verkauft werden, dann sieht es schon düster aus mit Ihrem Gewinn. Am besten wählen Sie also den

Mittelweg und konzentrieren sich für den Anfang auf ein Produkt im Bereich 15 bis 80 Euro. Solche Beträge gibt man auch mal aus, wenn einem die Marke oder der Händler noch nicht bekannt ist und in der Regel lassen sich die Produkte in dieser Preisspanne gut verschicken.

Wo viel ist kann auch viel kaputt gehen

In den meisten Fällen wird eine chinesische Hinterhoffabrik andere Qualitätsmaßstäbe haben als eine Schweizer Uhrenmanufaktur. Machen Sie sich also darauf gefasst, dass ein gewisser Anteil Ihrer Bestellung nicht Ihren Qualitätsvorstellungen entspricht. Umso komplizierter nun das Produkt ist, für das Sie sich entscheiden, umso größer ist dementsprechend auch die Anfälligkeit für Fehler. Wenn Ihnen auch weiterhin an einem ruhigen Schlaf gelegen ist, dann achten Sie darauf, dass Ihr Produkt möglichst simpel ist, sodass wenig kaputt gehen kann. So schön es also auch sein mag, seine Familie mit den neuesten Flachbildfernsehern aus Fernost zu versorgen, sollten Sie zumindest für den Anfang doch eher ein weniger glamouröses, dafür funktionierendes Produkt in Betracht ziehen. Dazu kommt gerade bei technischen Produkten auch die Notwendigkeit einer Bedienungsanleitung. Wahrscheinlich wird Ihnen der Hersteller zwar eine zur Verfügung stellen, aber möglicherweise ist darin nicht die von Ihnen gewünschte Sprache vorhanden. Oder sie ist vorhanden, allerdings so, dass man fröhlich raten darf was nun gemeint ist. Verwirrende Gebrauchsanweisungen bei komplizierten Produkten sind ein totsicherer Weg um sich Ein-Sterne Bewertungen bei Amazon einzufangen und Sie werden es erraten: das ist schlecht fürs Geschäft.

Mehr als Genug

Bei der Auswahl Ihres ersten Produkts sollten Sie bereits Ihren ersten Absatzweg im Hinterkopf haben. Wenn Sie auf großen Plattformen wie Amazon und Ebay verkaufen wollen, dann können Sie dort auch ein einzelnes Produkt anbieten, durch die anderen Anbieter entsteht für den Kunden trotzdem der Eindruck einer großen Auswahl. Wenn Sie allerdings über eine eigene Website verkaufen wollen, dann sieht das Ganze anders aus: Stellen Sie sich einen Onlineshop vor in dem Sie nur ein T-Shirt in einer Größe und einer Farbe bestellen können. Finden Sie das attraktiv? Höchstwahrscheinlich nicht (Es sei denn irgendein Prominenter mobilisiert seine Instagram Fans und redet Ihnen ein, dass ihr Leben ohne dieses T-Shirt nicht komplett ist). Verstehen Sie mich nicht falsch, eine Website, die nur ein einziges Produkt verkauft kann durchaus sinnvoll sein, viele große Unternehmen lassen sich auf ein Produkt zurückführen. Nur sollte es dann eben ein Produkt sein, welches für Ihre Kunden sonst nicht oder nur schwer erhältlich ist, sodass er sich für die Bestellung bei einem kleinen, unbekannten Onlineshop entscheidet. Für den Anfang, wenn Sie hauptsächlich auf Amazon oder Ebay verkaufen, können Sie sich für praktisch jedes Produkt entscheiden. Wenn Sie allerdings von Anfang an auch über Ihre eigene Website verkaufen wollen, dann achten Sie darauf, dass Ihr Produkt auch „einzeln gekauft werden kann".

Wo Licht ist da ist auch Schatten, ein tolles Produkt kann Ihnen ohne großartige Anstrengungen eine Stange Geld einbringen. Vor allem später, wenn Sie den ganzen Prozess automatisieren. Ein schlechtes Produkt kann Sie allerdings auch vor eine ganze Reihe von Problemen stellen. Von folgenden Produkten sollten Sie deshalb dringend die Finger lassen, wenn Ihnen ihr Geld und das Wohl Ihrer Kunden lieb ist:

Oh Tannenbaum, Oh Tannenbaum, wie schön sind deine Kugeln

Sicher lässt sich mit saisonaler Ware wie Weihnachtsschmuck, Osterdekorationen oder Halloweenkostümen ordentliches Geld verdienen. Aber möchten Sie wirklich 11 Monate im Jahr faul herumsitzen und dann im Dezember unter enormem Druck die Bestellungen Ihrer Kundschaft abarbeiten? (Bzw. im Juni, wenn Sie an Händler verkaufen, für die Weihnachten bekanntlich Anfang Juni beginnt). Nicht nur die Arbeitsbelastung ist hier ungleich verteilt, logischerweise auch ihr Einkommen. Viel besser wäre also ein Produkt, welches das ganze Jahr über gekauft wird und somit einen gleichbleibenden, bzw. stetig ansteigenden, Einkommensfluss garantiert. Natürlich könnten Sie diesen Effekt auch erzielen, wenn Sie mehrere saisonale Produkte in Ihr Sortiment aufnehmen, sodass Sie immer irgendetwas verkaufen können. Falls Sie allerdings nicht schon über Erfahrung in einer solchen Branche verfügen, oder sonst irgendeinen persönlichen Bezug zu saisonaler Ware haben (nein, Schokohasen zu essen zählt nicht) würde ich davon abraten, da Sie sich damit das Leben unnötig kompliziert machen. Suchen Sie sich für den Anfang ein einziges Produkt, für das das ganze Jahr über eine Nachfrage besteht. Wenn Sie dann in der Materie drin sind, können Sie Ihr Sortiment immer noch ausbauen.

Des Kaisers neue Kleider

Ja, die Modeindustrie ist glamourös (wenn man von den asiatischen Kinderarbeiterfabriken absieht). Ja, die Margen sind hoch (kein Wunder bei Tageslöhnen von 1 Dollar). Nein, Sie sollten nicht in dieses Geschäft einsteigen. Sicherlich mag man auf Partys eher von importierten Luxuskleidern erzählen, als von LED Lampen und sicherlich lässt sich diese Branche auch wunderbar beim Flirt mit dem anderen Geschlecht verwenden. Trotzdem gibt es ein gravierendes Problem in der E-Commerce Modeindustrie: Retouren. Warum sollte man sich direkt im Shop für eine Größe oder Farbe entscheiden, wenn man sich doch 10 verschiedene Kombinationen nach Hause liefern lassen kann (meist kostenfrei) und dann die 9 die nicht so gut passen/gefallen einfach zurückschickt (ebenfalls kostenfrei). Falls Sie also darauf aus sind, regelmäßig das Porto für Rücksendungen zu bezahlen, die Waren dann gegebenenfalls zu reinigen und anschließend wieder neu zu verpacken, damit das Spiel von vorne los gehen kann, dann nur zu: werden Sie Modeimporteur. Allen anderen sei gesagt, dass es deutlich attraktivere Betätigungsfelder gibt, in denen die Anzahl der Rücksendungen gegen Null geht. Mögliche Beispiele sind Waren deren Preis so gering ist, dass sich für den Kunden der Aufwand einer Rücksendung kaum lohnt (verpacken, zur Post fahren etc. für einen Gegenwert von zwei Euro macht das kaum einer), Waren die personalisiert sind (wobei das anfangs für Sie schwer zu bewältigen ist) oder Waren bei denen Sie eine Rücknahme aus hygienischen Gründen ablehnen können (Sexspielzeug kauft man ja eher nicht gebraucht). Am allerwichtigsten aber sind für Sie Produkte, die man möglichst schon am Bildschirm gut einschätzen kann (achte Sie darauf, dass Ihre Fotos das Produkt gut wiedergeben). Bei Kleidungsstücken lässt sich das oft nur schwer sagen, da die Hersteller die Größen recht unterschiedlich interpretieren, das S des einen ist das L des anderen. Andere Produkte lassen sich dagegen auch online relativ gut beurteilen und werden dann dementsprechend nur gekauft, wenn Bedarf besteht und deshalb auch nur in seltenen Fällen zurückgeschickt (wenn beispielsweise die Qualität nicht so ausfällt wie erwartet).

Zu gut um wahr zu sein

Das neue Iphone für 50 Dollar? Nike Air Jordans für 5? Aus der Fabrik des Herstellers? Werden Sie nicht gierig. Auch wenn Alibaba Ihnen die Möglichkeit bietet extrem günstig einzukaufen, es gibt Dinge, die einfach unrealistisch sind. Bei den genannten Angeboten werden Sie im besten Fall gefälschte Ware erhalten und im schlechtesten Fall gar keine. Generell sollten Sie keine Produkte bekannter Marken kaufen, da diese mit an Sicherheit grenzender Wahrscheinlichkeit gefälscht sind. Selbstverständlich könnten Sie auch mit diesen Produkten gutes Geld verdienen, allerdings immer mit dem Risiko, dass Ihre Ware vom Zoll vernichtet wird und Sie sich vor Gericht wegen Betruges verantworten müssen. Mir persönlich wäre es das Risiko nicht wert. Wenn Sie dagegen das Opfer eines Betrügers werden, dann hat dieser relativ gute Chancen damit durch zu kommen. Sie werden kaum die Mittel haben, einen Gerichtsprozess am anderen Ende der Welt zu führen. Selbst wenn, lässt sich schwer abschätzen wie schnell oder langsam die Mühlen der chinesischen Justiz mahlen. Verzichten Sie also lieber auf anrüchige Geschäfte.

Die Seife gut festhalten

Nicht alles was in China legal ist, ist zwangsläufig auch in Europa legal. Je nachdem in welcher Produktkategorie Sie sich bewegen, sollten Sie sich davon überzeugen ob sie Ihr Produkt überhaupt legal verkaufen dürfen. Deshalb gilt: Finger weg von Butterfly Messern und Schildkrötenleder Gürteln. Sie möchten ja vermutlich nicht ins Gefängnis und sich in Zukunft beim Duschen Sorgen um Ihre Seife machen müssen...

Warum ist die Banane krumm?

Weil die EU das in der Verordnung über den Krümmungswinkel von Südfrüchten so festgelegt hat. Das bedeutet für Sie: Hüten Sie sich vor Produktkategorien, die allzu stark reglementiert sind, allen voran natürlich Lebensmittel, aber auch bei Kinderspielzeug gibt es, zu Recht, eine Menge Vorschriften und entsprechende Skandale falls diese nicht eingehalten werden. Wenn Ihnen schon die Gesundheit Ihrer Kunden nicht so viel bedeutet, dann sollten Sie sich doch zumindest Sorgen um Ihr Konto machen. Ein großangelegter Rückruf (bei dem Sie eventuell noch die Versandkosten bezahlen müssen) kann Ihnen ganz schnell das, wirtschaftliche, Genick brechen. Am besten suchen Sie sich also ein simples Produkt, an dem nicht viel kaputt gehen kann und bei dem Sie nicht allzu viele Standards einhalten müssen. Ein solches zu finden, kann sicher seine Zeit dauern und manche Ideen werden Sie auch wieder verwerfen müssen, trotzdem ist es besser hier etwas mehr Zeit zu investieren als dann am Ende böse Überraschungen zu erleben.

Produkt Checkliste

- Einfaches Produkt
- Gut zu verschicken
- Nicht saisonal
- In Europa legal
- Niedrige Retourenquote
- Zwischen 15 und 80 Euro
- Nicht zu stark reglementiert.

Aufgabe

Finden Sie ihr Produkt. Nehmen Sie sich dafür genügend Zeit, stöbern Sie in den Kategorien bei Amazon und Alibaba, schlendern Sie durch die Innenstadt, gehen Sie in Läden, die sonst nicht besuchen würden, recherchieren Sie im Internet. Am Ende sollten Sie 5 unterschiedliche Produkte mit Potenzial gefunden haben. Nun beginnt der spannende Teil: suchen Sie die Produkte bei Alibaba (mit der englischen Bezeichnung) und vergleichen die Preise der Hersteller mit den Verkaufspreisen auf Amazon. Dann entscheiden Sie sich für das Produkt mit der größten Gewinnspanne.

Der richtige Verkäufer

Genauso sorgfältig wie Sie sich für Ihr Produkt entschieden haben, sollten Sie nun den passenden Lieferanten auswählen. Dabei sind Sie in der schönen Situation, dass in jeder Produktkategorie zigtausende Anbieter um Ihre Gunst konkurrieren. Sie können also nach Herzenslust filtern. Nachfolgend werde ich Ihnen einige Kriterien zeigen, auf die Sie bei der Wahl Ihres zukünftigen Geschäftspartners achten sollten. Wenn eine oder mehrere davon nicht erfüllt sein sollten, dann sehen sie lieber von einem Kauf ab. Egal wie verlockend ein Angebot auch scheinen mag, es gibt noch tausende weitere.

Geld stinkt nicht

Aber anrüchige Übertragungsmöglichkeiten gibt es durchaus. Lange Rede kurzer Sinn: Sie sollten auf jeden Fall darauf achten, dass Ihr Lieferant die Bezahlung per PayPal anbietet. Egal wie attraktiv ein Angebot auch sein mag und mit welchen Entschuldigungen der Lieferant das Fehlen von PayPal auch zu erklären versucht, lassen Sie sich nicht weichkochen. Auch wenn er Ihnen weiszumachen versucht, dass ein Transfer über Western Union Standard sei, gehen Sie nicht darauf ein. Wenn das Geld nicht mehr zurück verfolgbar ist, ist das geradezu eine Einladung Sie zu bescheißen. Auch Alibaba selbst bietet eine sichere Bezahlmethode an, dabei überweisen Sie das Geld zuerst an Alibaba und erst nachdem Sie Ihr Ok gegeben haben, wird es von Alibaba an den Lieferanten weiter überwiesen.

Es ist nicht alles Gold was glänzt

Aber Gold ist besser als kein Gold. Soll heißen: kaufen Sie nur bei Alibaba Gold Suppliern. Dabei handelt es sich um die Premium Mitgliedschaft bei Alibaba. Die Lieferanten, die diesen Button in ihrem Profil haben, wurden also von Alibaba darauf überprüft, ob sie wirklich ein Geschäft betreiben. Mit dem Ausschluss aller Nicht Gold Supplier haben Sie also die Wahrscheinlichkeit für Betrügereien deutlich reduziert. Neben dem Button wird Ihnen auch die Anzahl an Jahren angezeigt, die der Lieferant schon den Gold Status innehat, auch hier kann es sinnvoll sein sich auf diejenigen Anbieter zu konzentrieren die schon eine längere Historie bei Alibaba haben.

Vertrauen ist gut, Kontrolle ist besser

Mit PayPal und den Gold Suppliern haben sie das Risiko einem Betrug zum Opfer zu fallen schon deutlich reduziert. Eine zusätzliche Möglichkeit um sicherzustellen, dass sich hinter dem Profil eine reale Firma verbirgt, ist zu fragen ob man die Ware selbst abholen kann: „Blablabla geschäftlich in China blablabla Montag Zeit blablabla kurz vorbeikommen?" Wenn Sie hierauf wieder Ausflüchte zu hören bekommen, sollten Sie sich lieber nach einem neuen Lieferanten umsehen. Bekommen Sie dagegen eine positive Antwort, können Sie noch ein Stück sicherer sein, dass alles mit rechten Dingen zugeht. Unter der Rubrik Firmenprofil können Sie sich außerdem weitere Daten und Fakten über die Firma ansehen. Oft finden Sie dort Fotos vom Werksgelände, Angaben zur Zahl der Mitarbeiter, den Link zur Firmenwebsite o.ä. Schauen Sie sich an ob alle diese Daten zueinander passen. Ein Unternehmen das angeblich 1000 Mitarbeiter hat, aber in einem Einfamilienhaus in einem kleinen Dorf sitzt, klingt doch gleich ein bisschen weniger vertrauenerweckend. Falls Ihnen all das nicht ausreicht, beispielsweise wenn Sie eine größere Menge bestellen, dann können Sie die Waren immer noch von Alibaba oder einem angeheuerten Escrow Agent überprüfen lassen und im Zweifelsfall die Abnahme verweigern.

Wie man in den Wald hineinruft so schallt es heraus

Nur dass es manchmal gar nicht schallt. Im Klartext, nicht jeder Lieferant wird Ihre Anfrage beantworten. Vielleicht weil Ihm die angefragte Menge zu klein ist, vielleicht weil er Ihr Englisch nicht versteht. So etwas ist natürlich frustrierend. Sie sollten sich also auf die Lieferanten konzentrieren, die eine hohe prozentuale Antwortquote in Ihrem Profil stehen haben. Allzu hohe Antwortquoten können mitunter allerdings auch negativ sein, ein Lieferant, der jeden noch so kleinen Auftrag annimmt, ist eventuell in finanziellen Schwierigkeiten. Im Zweifelsfall sollten Sie einen Händler, der sich zu sehr bemüht also auch nicht in Erwägung ziehen, auch wenn es paradox klingt. Neben der Antwortquote finden Sie dort übrigens auch die durchschnittliche Antwortzeit, auch diese kann ein Indikator dafür sein wie professionell in der Firma gearbeitet wird. Wer sie drei Tage auf eine Antwort warten lässt, hat offenbar kein großes Interesse an einer Geschäftsbeziehung. Beachten sollten Sie allerdings die Zeitverschiebung zwischen China und Europa. Im Profil der Firma wird auch die jeweilige Ortszeit angegeben, wenn es bei Ihrem Lieferanten gerade mitten in der Nacht ist, werden sie eben 12 Stunden warten müssen. Generell sollten Sie sich für einen Lieferanten entscheiden, der gut zu erreichen ist, alles über 24 Stunden führt irgendwann zu Problemen. Damit Sie nicht zu denen gehören, die die Antwortquote des Lieferanten verschlechtern, sollten Sie darauf achten, dass Ihre Nachricht stimmig ist, stellen Sie die richtigen Fragen, benutzen Sie Fachtermini, zeigen Sie, dass Sie Interesse an einer langfristigen und für beide Seiten vorteilhaften Beziehung haben.

Romeo, Romeo! wherefore art thou Romeo?

Sie können Shakespeare im Original lesen? Haben in Oxford studiert? Sehen Filme grundsätzlich nur auf Englisch? Das ist toll, bei Alibaba müssen Sie sich aber trotzdem auf Kommunikationsschwierigkeiten einstellen. Gerade bei kleineren Lieferanten sind manche Nachrichten mit dem Google Translator zusammengebastelt. Wenn Sie also den Drang haben, all die tollen Vokabeln aus dem Englischunterricht endlich einem sinnvollen Zweck zuzuführen, dann zügeln Sie ihn doch bitte. Mit einfachen, auf das wesentliche beschränkten, Nachrichten erreichen Sie mehr und machen die Kommunikation für beide Seiten einfacher.

Größe oder Technik?

Bei Alibaba werden Sie auf eine große Bandbreite an Firmen treffen, von international aufgestellt mit mehreren Niederlassungen, bis hin zur drei Mann Hinterhofklitsche. Über die Produktseite können Sie auch das Firmenprofil des betreffenden Herstellers aufrufen und sich einen Überblick verschaffen. Letztlich gibt es keine einfache Antwort auf die Frage nach der richtigen Firmengröße. Eine große Firma wird Ihnen wahrscheinlich eine bessere Qualität liefern können, sich aber andererseits nicht für allzu kleine Bestellungen interessieren. Umgekehrt wird die kleine Firma vielleicht manchmal nicht die allerbeste Qualität liefern, sich aber eher um Sie als Kunde bemühen. Natürlich gibt es in beiden Fällen auch Ausnahmen. Anfangs werden Sie vermutlich sowieso noch nicht mit den ganz großen Playern spielen, behalten Sie aber im Hinterkopf, dass Sie bei einem kleinen Lieferanten mit gewissen Problemen rechnen müssen. Da kleinere Firmen oft schwerer an Kredite kommen, besteht hier ein größeres Risiko, dass Ihr Lieferant irgendwann vom Markt verschwindet. Wenn sich Ihr Geschäft zudem positiv entwickelt, wird eine kleine Firma irgendwann an die Grenzen ihrer Produktionskapazität stoßen, sodass Sie sich dann eventuell sehr abrupt nach neuen Lieferanten umsehen müssen. Wenn Sie also aufgrund der MOQ die Wahl haben, dann halten Sie sich tendenziell eher an mittlere bis große Unternehmen, ganz ausschließen können Sie einen Bankrott Ihres Lieferanten natürlich nie, aber zumindest die Wahrscheinlichkeit dafür lässt sie verringern.

Lieferanten Checkliste

- Bietet PayPal an
- Alibaba Gold Supplier
- Ordentliche Anzahl an Transaktionen
- Gute Antwortrate
- Ordentliche Größe
- Gutes Bauchgefühl
- Stimmige Angaben

Jetzt kommt der Spaß

Frei nach Stromberg: Produkte sind wie Brüste, es macht erst dann Spaß, wenn man sie in die Hand nimmt. Also Schluss mit all den Onlinerecherchen und Margenkalkulationen, jetzt sollen Sie endlich ihr Produkt auf Herz und Nieren testen. Natürlich bestellen Sie dazu keinen kompletten Standardcontainer, sondern ordern lediglich ein paar Samples. Diesen Schritt sollten Sie nie überspringen. Glauben Sie mir, Sie wollen nicht auf mehreren tausend Einheiten eines unverkäuflichen Produktes sitzen bleiben. Falls Ihnen ein Hersteller weiß machen will, er könnte keine Samples verschicken, dann suchen Sie sich einen anderen. Samples sind absoluter Standard. Wenn Sie schon eine langjährige Geschäftsbeziehung mit dem Lieferanten haben, werden Sie die Samples vermutlich umsonst bekommen (und zusätzlich auch Samples zu anderen Produkten – auch ein netter Vorteil). Wenn Sie sich noch nicht kennen, werden Sie in den allermeisten Fällen bezahlen müssen. Im Gegenzug zu den großen Lieferungen, die per Schiff ins Land kommen, werden Samples meistens per Luftfracht verschickt, das heißt die Versandkosten sind etwas höher, dafür halten Sie ihr Produkt auch schneller in den Händen. Bei der Bestellung der Samples sollten Sie den Lieferanten drauf hinweisen, dass Sie die gleiche Produktqualität wie beim Endprodukt erwarten.

Auch dann werden Ihre Samples vermutlich eher das obere Ende der Qualitätsbandbreite aufweisen, aber der Unterschied ist nicht mehr ganz so groß.

Der Lieferant dein Freund und Helfer

Anfangs mag die Angst vor einem Betrugsversuch überwiegen, wenn man versucht eine Geschäftsbeziehung zu jemandem aufzubauen, der zehntausend Kilometer weit entfernt ist. Aber letztlich sollten Sie sich eines vor Augen halten: auch dem Lieferanten ist daran gelegen eine dauerhafte Beziehung zu Ihnen aufzubauen. Logisch, er möchte ja schließlich auch Geld verdienen und dazu braucht er Sie. Versuchen Sie also stets ein Arrangement zu finden, das für sie beide von Vorteil ist. Mit einem guten Lieferanten werden Sie sich eine Menge Ärger ersparen, zudem werden Ihnen später auch noch weitere Möglichkeiten offenstehen Ihr Business zu skalieren und zu automatisieren (siehe dazu das entsprechende Kapitel). Ähnlich sorgsam wie bei der Auswahl Ihres präferierten Produktes, sollten Sie auch bei der Auswahl Ihres zukünftigen Lieferanten vorgehen.

Aufgabe

Sie haben sich für ein Produkt entschieden, jetzt folgt der passende Lieferant. Suchen Sie bei Alibaba mindestens fünf Hersteller und bestellen Samples. Mit den von Alibaba in der Suchfunktion bereitgestellten Filtern lässt sich diese Arbeit etwas vereinfachen. Dort können Sie zum Beispiel nur die Lieferanten anzeigen lassen, die über den Gold Status verfügen. Wenn Sie sich in einem Fall nicht ganz sicher sind, dann hören Sie lieber auf Ihr Bauchgefühl, auch wenn Sie manchmal einen guten Deal verpassen werden, das wichtigste ist und bleibt das Sie sich bei der ganzen Sache wohlfühlen.

Validierung

Wenn Sie alle bisherigen Aufgaben befolgt haben, dann haben Sie jetzt die Samples Ihrer Produkte bei sich zu Hause. (Rechnen Sie mit mindestens fünf Lieferanten und jeweils zwei bis drei Samples Ihres Produkts, insgesamt also 10 – 15 Einheiten. Jetzt können Sie sich daran machen ihr Geschäftsmodell zu validieren, prüfen Sie die Produktqualität, schauen Sie welche Preise sie erzielen können, holen Sie erstes Feedback ein.

Drum prüfe wer sich ewig bindet

Testen Sie Ihre Samples bis zum geht nicht mehr. Drehen Sie an allen Dingen, schütteln und rütteln Sie was das Zeug hält, lassen Sie das Produkt auf den Boden fallen (bei bestimmten Produkten wie Glasvasen können Sie diesen Schritt überspringen). Behalten Sie immer im Hinterkopf, dass die Samples eher die obere Bandbreite der Fertigungsqualität repräsentieren, wenn Sie also schon hier nicht zufrieden sind, werden Sie es bei der eigentlichen Lieferung erst recht nicht sein. Wenn Ihr Produkt nicht den Qualitätsanforderungen hiesiger Konsumenten entspricht, haben Sie ganz schnell eine Menge Ein-Stern-Rezensionen bei Amazon und ihr Produkt hängt in Ihrem Lager wie Blei. Wenn Sie sich also bei der Qualität nicht sicher sind, sehen Sie im Zweifelsfall von einem Deal ab.

Money, Money, Money allways funny

In weiser Voraussicht haben Sie von jedem Hersteller zwei, drei oder noch mehr Samples bestellt. So können Sie eines davon auf Herz und Nieren prüfen und die anderen zu Testzwecken verkaufen. Denken Sie aber nicht mal daran, damit Ihre Freunde und Ihre Familie zu malträtieren, vermutlich gehen Sie denen nur auf die Nerven und auf dem freien Markt bekommen Sie auch ein ehrlicheres Feedback. Die meisten Hersteller erlauben es Ihnen, ihre professionellen Bilder zu verwenden, wenn Sie dazu nichts in der Artikelbeschreibung finden, dann fragen Sie kurz nach, in aller Regel erhalten Sie dann die Bilder ohne das Wasserzeichen oder die Internetadresse des Herstellers. Umgekehrt können Sie natürlich auch über die Amazon Bilder Ihrer Konkurrenten sehen, wer alles in China einkauft. Mit professionellen Bildern und einer tollen Produktbeschreibung (die sie vermutlich übersetzen müssen da der Lieferant keine auf Deutsch hat bzw. falls doch dann wahrscheinlich nur eine, die mit dem Google Übersetzer angefertigt wurde und bei Ihren zukünftigen Kunden nicht besonders gut ankommt) können Sie nun Ihre ersten Produkte bei Amazon oder Ebay einstellen. Je nachdem für welche Nische Sie sich entschieden haben, kommen noch weitere, spezialisierte, Plattformen in Frage. Generell kann man sagen, dass das Verkaufen bei Ebay etwas unkomplizierter ist als bei Amazon, allerdings setzt Amazon mittlerweile deutlich mehr um, sodass Ihre Produkte dort mehr Aufmerksamkeit erfahren werden (je nach Nische aber auch mehr Konkurrenz).

Ein Angebot das er nicht abschlagen kann

Bei Alibaba finden Sie statt eines einzigen Preises meistens eine Preisspanne, in der sich der Preis bewegt. Wenn sie viel abnehmen, bekommen Sie einen Preis am unteren Ende der Skala (bzw. sogar einen der unter dem angegeben Preis liegt). Wenn Sie nur kleine Mengen bestellen, werden sie umgekehrt eher den Preis am oberen Ende zahlen müssen. Behalten Sie das bei der Kalkulation Ihres Verkaufspreises im Hinterkopf. Ebenfalls berücksichtigen müssen Sie die Transportkosten (sowohl vom Hersteller zu Ihnen als auch anschließend zu Ihren Kunden) und die Zollgebühren. Wenn Sie es mit mehreren Anbietern zu tun haben, können Sie anfangs die Preise etwas niedriger ansetzen um sich ihren Teil vom Markt zu sichern, allerdings nicht zu niedrig denn sie wollen ja auch noch etwas verdienen und auch keinen Preiskrieg vom Zaun brechen. Wenn Sie der einzige Anbieter des Produkts sind (zum Beispiel bei Produkten aus dem kunsthandwerklichen Bereich) versuchen Sie vergleichbare Produkte zu finden und orientieren sich an deren Preisgestaltung. Wenn Sie nach der erfolgreichen Validierung Ihres Modells eine erste Lieferung bestellen, können Sie noch weiter an Ihren Preisen testen (beispielsweise mit unterschiedlichen Preisen auf unterschiedlichen

Plattformen etc.) für den Anfang reicht es aber aus, wenn sie Ihre Produkte zu einem Preis verkaufen können, der eine ansehnliche Gewinnspanne für sie enthält.

Die Gedanken sind frei

Kennen Sie dieses komische Gefühl, wenn man ein Produkt kaufen soll, zu dem es noch keine Bewertungen gibt? Und das ungleich bessere Gefühl, wenn man ein Produkt kauft, welches von 100 Leuten im Schnitt mit 4,9 von 5 Sternen bewertet wurde? Falls ja dann werden Sie verstehen wie wichtig Produktbewertungen sind. Sie sollten sich also schnellstmöglich daran machen welche zu erhalten. Da nur ein kleiner Teil der Kunden von sich aus Bewertungen schreibt, sollten Sie einen Weg finden es den Leuten schmackhaft zu machen. Legen Sie den ersten Paketen eine handgeschriebene Karte bei, auf der Sie sich bedanken und nach einer Rezension fragen. Schreiben Sie eine persönliche Mail, in der Sie erklären, dass Sie neu im Geschäft sind und sich über eine Bewertung sehr freuen würden. Versuchen Sie allerdings nicht die Leute zu einer positiven Bewertung zu drängen, auch aus negativem Feedback können Sie schließlich lernen und solange sie genügend positive Bewertungen haben, lässt eine negative die anderen sogar echter erscheinen, da man dann davon ausgehen kann, dass Sie nicht alle Bewertungen selbst geschrieben haben (was man übrigens nicht machen sollte).

Der kleine Bruder

Falls Sie Ihre Samples nicht bei Alibaba bestellen möchten, können Sie auch die Plattform Aliexpress verwenden, diese richtet sich direkt an Endkunden und hier gibt es in der Regel auch keine Mindestabnahmemenge, dafür bezahlen Sie einen etwas höheren Preis. Viele der Aliexpress Anbieter werden Sie auch auf Alibaba wiederfinden (umgekehrt ist das nicht zwangsläufig so, da sich auf Aliexpress eher kleinere Firmen tummeln).

Aufgabe

Prüfen Sie Ihre Produktsamples nach allen Regeln der Kunst und stellen Sie die verbliebenen auf Amazon oder Ebay zum Verkauf.

Der Bestellprozess

Ok, an dieser Stelle sollten Sie den Beweis dafür erbracht haben, dass Ihr Produkt Ihren Qualitätsvorstellungen entspricht und sich wie erwartet verkauft. Jetzt können Sie also den nächsten Schritt machen und eine größere Charge bestellen.

Die richtige Menge

Hängt natürlich immer davon ab, über wie viel Geld Sie verfügen, wenn Sie Millionär sind und dass hier nur machen um sich geistig fit zu halten, dann können Sie sicher direkt einen ganzen Container bestellen. Wenn das Geld dagegen knapp ist, dann sollten Sie klein anfangen. Auch wenn die Gewinnmargen verlockend erscheinen, bedenken Sie, dass immer etwas schief gehen kann. Ihre Ladung kann unterwegs verloren gehen (man glaubt es nicht, aber manchmal fallen komplette Container von einem Schiff) oder aufgehalten werden (durch die Insolvenz der Hanjin Reederei im August 2016 hingen Waren im Milliardenwert auf den Weltmeeren fest, weil die Häfen den Schiffen die Einreise verweigerten).
Achten Sie deshalb darauf, dass Sie den Totalverlust einer Lieferung notfalls verschmerzen können. Für

den Anfang ist ein mittlerer dreistelliger Betrag nicht
schlecht, die damit gekauften Waren sind in der
Regel nicht so umfangreich, dass man extra
Lagerräume bräuchte, dennoch werden Sie mit Ihrem
Investment vermutlich einen netten Schnitt machen.

Die erste Nachricht

Sind sie aufgeregt? Ein bisschen ist es wie beim Onlinedating, man hat ein tolles Profil gefunden, schreibt sie an und wartet gespannt ob sie auch Interesse hat bzw. ob sie auch nach der ersten Nachricht noch interessant ist. Nur was schreibt man damit sie Interesse zeigt? Am besten halten Sie die erste Nachricht knapp und verkünsteln sich nicht mit Ihrem Englisch. Fragen Sie nach der Mindestbestellmenge (auch wenn diese angegeben ist, manchmal haben Sie auch die Möglichkeit geringere Mengen zu bestellen), nach der Bezahlung (etwas anderes als PayPal sollten Sie nicht akzeptieren), ob Samples verschickt werden (falls das verweigert wird ist das ein riesiges rotes Warnsignal) zu guter Letzt können Sie noch nach einer Preisliste in Abhängigkeit von der Menge fragen. All diese Fragen sind üblich, teilweise stehen Sie sogar in der Produktbeschreibung. Sie sollten also eine schnelle Antwort erhalten. Falls Ihre Antwort ignoriert wird, machen Sie sich keinen Kopf und sehen sich nach dem nächsten Hersteller um. Beziehungsweise Sie schreiben die Nachricht nur einmal und schicken Sie dann per Copy and Paste an mehrere Hersteller, sodass Sie sich später für den entscheiden können, bei dem Sie sich am wohlsten fühlen. Fallen Sie bei der ersten Nachricht noch nicht mit Ihrer, vermutlich kleinen, Bestellmenge ins Haus. Lassen Sie sich

Samples schicken, testen und validieren Sie Ihr Modell und dann können Sie bei Ihrem präferierten Hersteller die erste größere Lieferung bestellen.

Die Verhandlung

Mit wem würden Sie lieber ins Geschäft kommen, jemand der Ihnen einen Millionenumsatz beschert, oder jemand der Sie mit Kleckerbeträgen nervt? Genau. Umso mehr Sie bestellen, desto besser wird man sich um Sie kümmern. Da sie aber anfangs noch keine riesigen Mengen bestellen können, sollten Sie zumindest die Illusion aufrechterhalten, dass Sie das in Zukunft tun könnten. Deuten Sie an, dass Ihre aktuelle Bestellung nur ein Testballon ist und Sie langfristig mit größeren Mengen ins Geschäft einsteigen wollen. Deuten Sie an, dass Sie vorerst nur ein Produkt bestellen um sich von der Zuverlässigkeit des Lieferanten zu überzeugen, sich aber auch vorstellen können in Zukunft noch weitere Produkte in Ihr Sortiment aufzunehmen. Achten Sie auch darauf die Lieferbedingungen zu klären. Üblicherweise ist Free on Board Standard, bei einigen Herstellern müssen Sie die Waren aber auch direkt in der Fabrik abholen lassen (ob Sie sich darauf einlassen ist Ihre Sache). Behalten Sie auch immer im Hinterkopf, dass Ihre geschäftliche Beziehung für beide Seiten vorteilhaft sein sollte, wenn Sie mit dem Kundenservice nicht zufrieden sind, oder das Gefühl haben über den Tisch gezogen zu werden, dann suchen Sie weiter. Auch wenn es manchmal schwerfallen mag, wenn sie mit der Sample Qualität sehr zufrieden waren. Machen Sie nicht den Fehler sich auf halbe Sachen einzulassen. Es gibt so viele Anbieter, die sich freuen würden Sie als Kunden zu gewinnen, da können Sie sich die Bauchschmerzen sparen, die Sie haben werden, wenn Sie sich auf etwas einlassen, hinter dem Sie nicht zu 100% stehen. Ein wichtiger Teil der Verhandlung sind natürlich auch die Preise, alleine dieses Thema bietet ja Stoff für zig weitere Ebooks. Im Zweifelsfall ist es aber besser, einen guten und zuverlässigen Hersteller zu haben und dafür etwas mehr zu bezahlen, als einen Unzuverlässigen bis auf den letzten Tropfen auszuquetschen. Die Preisdifferenzen zwischen Alibaba und Amazon sind im Normalfall so groß, dass Sie auch mit dem Standardpreis am oberen Ende der Skala noch auf Ihren Schnitt kommen können. Am besten Sie fragen den Anbieter nach seinem Preis für Ihre gewünschte Menge. Anschließend können Sie immer noch antworten, dass Sie eigentlich mit etwas weniger gerechnet hatten. Sehr wahrscheinlich wird man Ihnen dann auch noch ein wenig entgegenkommen (und egal was sie bezahlen, der Händler lacht sich am Ende ins Fäustchen, weil seine Marge ebenfalls gigantisch ist).

Verhandlungs Checkliste

- Fassen Sie sich kurz und fragen direkt nach dem Produkt, niemand interessiert sich für Ihre Lebensgeschichte.
- Benutzen Sie Fachbegriffe, so wirken Sie erfahrener und werden nicht so leicht über den Tisch gezogen.
- Eine langfristige Geschäftsbeziehung ist oft mehr wert als ein um 10 Cent besserer Preis.
- Klären Sie alle wichtigen Fragen (Lieferbedingungen, Anzahlung etc.)
- Wenn Sie nicht zu hundert Prozent glücklich sind dann suchen Sie sich einen anderen Lieferanten.

Kulturelle Unterschiede

Sie haben sicher schon von einigen kulturellen Unterschieden zwischen China und Europa gehört, manche davon sind durchaus lustig, weil Dinge, die bei uns undenkbar scheinen, dort Standard sind und umgekehrt. Kulturelle Unterschiede können aber auch ein Fallstrick sein und zu teuren Missverständnissen führen, deshalb möchte ich hier auf einige hinweisen.

Der größte Punkt ist wohl die Kommunikation, während wir es in Deutschland gewohnt sind, uns relativ direkt auszudrücken, wird in China vieles eher indirekt formuliert, angedeutet und zwischen den Zeilen gelesen. Wenn Ihnen ein Hersteller also scheinbar zustimmt, muss das noch lange keine wirkliche Zustimmung sein. Achten Sie also darauf, dass Sie klare und eindeutige Aussagen erhalten, die keinen Interpretationsspielraum zulassen. Im Gegenzug sollten Sie natürlich auch Ihre eignen Anfragen und Antworten so klar und direkt wie möglich formulieren.

Über kurz oder lang werden Sie vermutlich auch einmal Dinge oder Abläufe kritisieren müssen. Machen Sie sich dabei bewusst, dass man in China mit Kritik eher vorsichtig umgeht, weil niemand sein Gesicht verlieren möchte. Während es in Deutschland in der Regel möglich ist eine Sache unabhängig von der dahinterstehenden Person zu kritisieren, sind diese beiden Ebenen in China enger miteinander verknüpft. Wenn also einmal der Zeitpunkt kommen sollte, an dem Sie Kritik üben müssen, passen Sie auf, dass Sie dies nicht zu forsch tun und die Beziehung zu Ihrem Lieferanten gefährden.

Die Lieferung

Produkte aussuchen, Produkte bestellen, Produkte verkaufen, alles tolle Sachen. Bevor Sie allerdings verkaufen können, müssen die Produkte bei Ihnen angekommen sein. Das bringt uns zum leidigen Thema Logistik. Wenn Sie anfangen sich mit der Thematik zu befassen, werden Sie sich vermutlich erst einmal erschlagen fühlen. So viele Fachbegriffe, Richtlinien, Varianten und Regelungen. Machen Sie sich deshalb keinen Kopf, natürlich ist das Thema kompliziert, aber es ist nichts was man nicht hinbekommen könnte. Für den Anfang würde ich Ihnen empfehlen so wenig wie möglich selbst zu machen. Das kostet zwar mehr, aber dafür wird alles von Profis erledigt. Wenn Sie später mehr Erfahrung haben, können Sie sich natürlich auch selbst um den Transport kümmern aber wenn Sie sich direkt am Anfang daran versuchen, endet es möglicherweise damit, dass Ihre Waren irgendwo in China festsitzen und Sie nicht wissen was Sie nun machen müssen. Unschöne Erfahrung.

Zuerst sollten Sie, wie erwähnt, darauf achten, dass Sie vom Hersteller einen FOB Preis bekommen. In diesem Preis sind dann alle Kosten für den Transport zum nächstgelegenen Hafen enthalten. In diesem Hafen übernimmt nun Ihr Spediteur die Waren, packt Sie mit mehreren anderen in einen Container (unter der Annahme, dass Sie anfangs keine komplette Containerladung kaufen) und verschifft Sie nach Europa. Von dort können Sie die Ware entweder selbst abholen, oder Sie lassen sie sich zu Ihrer Firma schicken. Anfangs würde ich mich für das Komplettpaket entscheiden: Ihr Hersteller transportiert die Waren zum Hafen, dort übernimmt Ihr Spediteur und sorgt für den Weiter-Transport zu Ihrer Firma. Natürlich kostet ein solches Rund um Sorglos Paket etwas mehr wie wenn Sie sich selbst um Teile des Transportes kümmern, aber letztendlich ist Seefracht immer noch recht günstig und Sie ersparen sich einiges an Stress. Wenn Sie größere Mengen einkaufen, dann beachten Sie, dass Sie in der Regel nur ein bestimmtes Zeitfenster haben um die Ware abzuladen. Wenn Sie also mehrere hundert Pakete bestellen und diese dann alle einzeln vom LKW laden und quer durch Ihre Wohnung tragen verärgern Sie wohl den Spediteur.

Wenn Sie sich nun fragen wie denn die Übergabe der Waren vom Hersteller an den Spediteur vonstattengeht, dann sollten Sie sich mit dem Begriff Incoterms vertraut machen, dabei handelt es sich um eine Reihe von freiwilligen Regeln im internationalen Warenhandel. Neben der Verteilung der Transportkosten ist darin auch eine Adresse enthalten, an der die Übergabe der Waren erfolgt. Wenn Sie in diesem Punkt noch unsicher sind (absolut verständlich) dann fragen Sie bei Ihrem Spediteur nach, welche Dokumente und Angaben er von Ihnen benötigt.

Bei einem Transport per Schiff sollten Sie von einer Lieferzeit von 25-35 Tagen ausgehen (also zusätzlich zur Produktionszeit, beachten Sie dies, wenn Sie Ihre Waren zu einem bestimmten Termin benötigen). Planen Sie im Zweifelsfall einen zeitlichen Puffer ein. Wenn es mal schneller gehen muss, bietet sich auch ein Transport per Flugzeug an. Kostenmäßig können Sie hier Pi mal Daumen mit 3 Dollar Frachtkosten pro Kilogramm Fracht kalkulieren, deutlich teurer als Seefracht, dafür aber auch schneller. Wenn Sie planen ein Dropshipping System mit Ihrem Hersteller aufzubauen (siehe Skalieren) werden Sie um den Punkt Luftfracht allerdings nicht herumkommen, da Ihre Kunden wohl kaum monatelang auf Ihre Waren warten wollen. Es schadet also nicht, sich schon mal vorab mit diesem Versandweg zu befassen, vergleichen Sie Preise, kalkulieren Sie Kosten und holen Sie Angebote ein, dann sollte es kein Problem sein, sich für den Weg zu entscheiden der in Ihrer derzeitigen Situation das Beste für Sie ist.

Um in Erfahrung zu bringen mit welchen Preisen Sie für den Transport rechnen müssen, sollten Sie zuerst bei Ihrem bevorzugten Händler nachfragen, welche

Abmessungen und welches Gewicht die Lieferung denn haben wird. Bei dieser Gelegenheit sollten Sie auch erwähnen, dass Sie eine ordentliche Verpackung erwarten. Mit den entsprechenden Werten können Sie nun Angebote bei Speditionen einholen, googlen Sie dazu einfach mal, Sie werden eine Vielzahl von Anbietern finden, darunter auch einige die sich auf verschieden Dinge spezialisiert haben, wie beispielsweise den Import aus Asien oder den Transport von kleinen Mengen. Ein solches angefordertes Angebot ist kostenlos und unverbindlich, fordern Sie also ruhig viele verschiedene an. Beachten Sie allerdings, dass Sie genau angeben bis wohin Ihre Lieferung verschickt werden soll, sonst entscheiden Sie sich eventuell für ein vermeintlich günstiges Angebot, müssen Ihre Ware aber dann selbst in Hamburg abholen. Wenn Sie etwas mehr Erfahrung haben, stellt das kein Problem mehr da, am Anfang kann es aber problematisch sein. Wenn Sie sich für eine Lieferung direkt an Ihre Haustür entscheiden, wird die Zollabfertigung vom Spediteur übernommen, auch so ein Thema, das man manchmal vielleicht eher einem Profi überlässt der damit seinen Lebensunterhalt verdient. Ein weiterer Vorteil einer beauftragten Spedition ist, dass in deren Preis üblicherweise eine Versicherung der Waren enthalten ist. Falls Ihr Schiff also unterwegs von Piraten gekapert wird sollten Sie Ihre Lieferung ersetzt bekommen (nach einem mehrmonatigen Streit mit der Versicherung, aber so läuft das bei den Strombergs dieser Welt nun mal).

Schwirrt Ihnen jetzt der Kopf? Kein Problem, das Thema Logistik ist extrem umfangreich und durchaus auch etwas heikel. Ähnlich wie auch bei anderen Themen lohnt es sich, hier anfangs etwas mehr Zeit zu investieren um dann einen besseren Ablauf zu gewährleisten. Wenn Sie also noch Informationsbedarf haben, dann decken Sie diesen am besten im Voraus. Bei Fragen zu den Themen Import/Export empfiehlt sich zum Beispiel die deutsche Handelskammer. Auch Ihre Spedition sollte Ihnen weiterhelfen können, wenn Sie nach Fragen zum Ablauf, der Preisgestaltung o.ä. haben. Analog gilt: wenn eine Spedition sich nicht gut um Sie kümmert (was durchaus vorkommen kann, wenn Sie nur Kleinmengen einführen) suchen Sie sich einfach eine andere, es gibt genügend. Man kann den Wert guter Partner nicht genug betonen, sie ersparen einem so unglaublich viel Stress und Nerven, dass es sich absolut lohnt Zeit zu investieren um die richtigen zu finden.

Der Zoll

Natürlich möchte auch die Bundesrepublik Deutschland (oder jedes andere Land, in dem Sie sich niederlassen wollen) an Ihrem prosperierenden Import Business teilhaben. Mit dem Zollrechner auf Pandacheck (https://de.pandacheck.com/zollrechner) können Sie sich selbst ausrechnen wie viel Zoll und Einfuhrumsatzsteuer für Sie anfällt. Generell empfiehlt es sich, in der Kalkulation an dieser Stelle einen kleinen Puffer einzubauen, rechnen Sie also lieber mit einem zu hohen Betrag als mit einem zu niedrigen. Der größte Posten ist dabei eigentlich nicht der Zoll, sondern die Einfuhrumsatzsteuer welche sich auf den Warenwert + Versand bezieht und 19% beträgt (Beispiel: 200 Euro Warenwert + 20 Euro Versand = 43,76 Euro Einfuhrumsatzsteuer). Zoll fällt übrigens erst ab einem Warenwert von 150 Euro an, je nach Produktkategorie unterscheiden sich die Prozentsätze dabei deutlich, von 0 bis 17% ist alles dabei. Auch das ist also ein Faktor, der bei der Auswahl Ihres Produktes eine Rolle spielt. Viele Hersteller werden Ihnen anbieten den Betrag auf der Rechnung geringer anzugeben als er tatsächlich ist, damit sie beim Zoll Geld sparen. In den meisten Fällen wird das zu nichts führen, da der Zoll bei Lieferungen aus Asien einen Überweisungsbeleg sehen will. Falls es doch klappt, sollten Sie sich darüber im Klaren sein, dass Sie damit Steuern hinterziehen. Gut, für ein paar hundert Euro werden Sie kaum ins Gefängnis kommen aber unter Umständen haben Sie eine Menge Stress und Ärger am Hals, den Sie sich leicht ersparen können, wenn Sie alles korrekt angeben. Wenn Sie ein gefragtes Produkt in guter Qualität anbieten, werden Sie solche Tricksereien sowieso nicht nötig haben.

Geld verdienen

Verkaufen bei Amazon

Nun kann es also los gehen, Sie haben Ihre Produkte erhalten und können es kaum erwarten diese an den Mann oder an die Frau zu bringen. Welche Plattform könnte da besser geeignet sein als Amazon? Eine Firma, die fast jeder kennt und nutzt. Amazon bietet Ihnen zwei verschieden Konten für Ihre Registrierung an (https://services.amazon.de/programme/online-verkaufen/preisgestaltung.html), ein Basiskonto für 0,99 Euro oder das Normale Konto für 39,00 Euro im Monat. Da das Basiskonto die Anzahl der verkauften Artikel auf 40 pro Monat beschränkt und das Normale doch eine recht hohe Grundgebühr hat (die zudem monatlich anfällt, also unabhängig von den tatsächlichen Verkäufen) sollten Sie sich überlegen in welchem Rahmen Sie einsteigen. Wenn Sie, wie empfohlen, einen Artikel im zweistelligen Eurobereich gewählt haben, dann können Sie beruhigt beim Basiskonto bleiben, erste Erfahrungen sammeln und erst dann wechseln, wenn sich abzeichnet, dass aus Ihrem Geschäft mehr wird. Zusätzliche zu den monatlichen Gebühren verdient Amazon auch beim Verkauf Ihrer Produkte mit, in den meisten Kategorien liegt die Provision bei 12-15 Prozent.

Für die Registrierung benötigen Sie die üblichen Dinge, wie Email Adresse, Kontaktinformationen und Bankverbindung. Wenn Sie als Unternehmen verkaufen, müssen Sie auch die entsprechenden Informationen dazu eintragen.

Haben Sie die Registrierung hinter sich gebracht dann können Sie mit dem Einstellen von Produkten anfangen. Dazu benötigen Sie einen EAN oder UPC Code. Diesen erhalten Sie in der Regel vom Hersteller (fragen Sie dort nach, wenn Sie planen Ihre Produkte über Amazon zu verkaufen). Wenn Sie ein Produkt verkaufen möchten, das bereits auf Amazon verkauft wird, dann können Sie auf der Artikelseite auf den Button „diesen Artikel verkaufen" klicken, dann werden die entsprechenden Informationen übernommen. Falls Sie vom Hersteller keinen EAN Code bekommen und Ihr Produkt noch nicht bei Amazon verkauft wird, können Sie sich auch selbst EAN Codes kaufen, zum Beispiel bei gs1-germany.de das ist zwar nicht ganz billig, anschließend haben Sie aber auch eine Menge Codes, welche Sie nach Belieben an Ihre Produkte vergeben können.

Wenn Sie jetzt zunächst mit dem Kopf schütteln und sich fragen warum das nicht einfacher geht dann sind Sie nicht allein. Tatsächlich ist das Verkaufen auf

Amazon nicht so einfach wie auf anderen Plattformen. Doch andererseits gibt es auch zahlreiche Vorteile, die diesen Nachteil wieder aufwiegen, wussten Sie beispielsweise, dass sie nicht nur auf amazon.de verkaufen können, sondern noch auf vier weiteren Marktplätzen? (amazon.co.uk, amazon.fr, amazon.es und amazon.it). Sie haben also praktisch direkt auch ein Auslandsgeschäft. Ein weiterer interessanter Fakt ist, dass Amazon mittlerweile die drittgrößte Suchmaschine der Welt ist (nach Google und YouTube), bei der Suche nach Produkten sogar die größte, ein gewaltiger Markt wartet also darauf von Ihnen erschlossen zu werden. Selbstverständlich können Sie sich für den Anfang aber auch auf eine andere Plattform oder gegebenenfalls eine eigene Website verlassen, mehr dazu finden Sie in späteren Kapiteln.

Mehr verkaufen bei Amazon

Sie haben die Basics verinnerlicht? Dann wird es jetzt Zeit sich den Feinheiten des Verkaufens bei Amazon zu widmen. Seien Sie ehrlich, wenn Sie bei Amazon etwas kaufen, wie viele Seiten schauen Sie sich dann an? Natürlich die erste, vielleicht auch die zweite, in absoluten Ausnahmefällen mal die dritte, aber alles was danach kommt, ist für Sie praktisch unsichtbar. Für Sie als Verkäufer bedeutet das also, dass Sie es auf eine der drei ersten Seiten schaffen müssen. Nur wie? Der Preis ist für viele Kunden ein wichtiges Kaufkriterium, entsprechend oft wird auch die Einstellung genutzt nach dem niedrigsten Preis zu suchen. Sie können also einfach den Preis Ihrer Produkte unterhalb der Konkurrenzpreise ansetzen, genug Marge sollten Sie dafür ja haben. Wichtig ist nur, dass Sie es nicht übertreiben, wenn alle ähnlichen Produkte 30 Euro kosten und Sie Ihres für 10 anbieten, dann werden viele Kunden erst mal davon ausgehen, dass nicht alles mit rechten Dingen zugeht und Sie ein Betrüger sind oder zweite Wahl Ware verkaufen. Setzen Sie den Preis also so, dass Sie in der Preissortierung weit oben angezeigt werden aber nicht so, dass Ihre Kunden Ihnen nicht vertrauen. Behalten Sie auch immer Ihre Konkurrenz im Blick, wenn Sie anfangs nur ein oder zwei Produkte pro Tag verkaufen wird man Ihnen wohl nicht viel Beachtung schenken, sobald Sie sich aber anschicken sich ein größeres Stück vom Kuchen zu sichern, kann es sein, dass man reagiert. Wenn Sie nun an jemand geraten sind der schon groß im Geschäft ist und somit deutlich bessere Konditionen bekommt, dann haben Sie in einem Preiskrieg keine Chance. Achten Sie also darauf, dass sich Ihre Preise nicht zu sehr von der Konkurrenz unterscheiden, letztendlich nützt es Ihnen allen, wenn der Preis einigermaßen hoch ist und Sie eine auskömmliche Gewinnspanne haben. Falls Sie sich also dazu entschließen als Preisbrecher in den Markt einzutreten dann vergessen Sie nicht Ihre Preise nach einer gewissen Zeit wieder anzuziehen.

Eine andere Filtermöglichkeit die von vielen Kunden genutzt wird, ist die Suche nach Produkten die eine durchschnittliche Bewertung von vier Sternen oder mehr aufweisen, achten Sie also immer darauf, dass Sie dieses Niveau nicht unterschreiten, notfalls indem Sie nicht jeden Streit mit einem unliebsamen Kunden bis zum Ende ausfechten, sondern auch mal zurückstecken. Für den Anfang ist es dagegen erst einmal wichtig überhaupt Bewertungen zu erhalten (längst nicht jeder der kauft bewertet auch). Legen Sie deshalb doch beispielsweise den ersten Paketen, die Sie verschicken, handgeschrieben Postkarten mit der Bitte um eine Bewertung bei.

Damit Sie anfangs auch ohne Bewertungen gefunden werden, ist die richtige Beschreibung Ihres Produktes wichtig. Ähnlich wie bei Alibaba benutzen viele Händler als Titel einfach eine Liste an passenden Keywords, die keinen richtigen Satz ergeben. Das sieht natürlich nicht besonders schön aus, ist aber doch recht effektiv. Wichtig ist es natürlich die richtigen Keywords zu benutzen, geben Sie Ihr Produkt in die Suchleiste ein und schauen sie welche Vorschläge Amazon Ihnen macht, einige davon sollten Sie womöglich in Ihrem Titel verwenden. Leider haben Sie im Titel nur begrenzt Platz um Ihr Produkt anzupreisen, nutzen Sie deshalb auf jeden Fall auch die Möglichkeit der ausführlichen Produktbeschreibung auf der Artikelseite. Zählen Sie die Vorzüge Ihres Produktes auf, mögliche Einsatzmöglichkeiten, Abmessungen, all das was ein potenzieller Kunde eben wissen will. Auch die Auswahl der richtigen Kategorie ist für Ihren Erfolg wichtig, versuchen Sie die Nische zu finden, in die Ihr Produkt am besten passt, das muss nicht zwangsläufig auch die größte sein. Meistens ist es sogar sinnvoller in einem kleinen Bereich zu den Topsellern zu gehören als in einem riesigen Markt in der Masse unterzugehen.

Kunden sind von Amazon schnelle Lieferungen gewöhnt, wenn Sie sich also zu viel Zeit mit dem verschicken Ihrer Pakete lassen, dann handeln Sie sich schnell eine negative Bewertung ein. Wenn Sie sich den Stress ersparen möchten andauernd zur Post zu fahren, oder irgendwo Verpackungsmaterial zu besorgen (sie sollten Ihre Produkte schließlich einheitlich verpacken und nicht in alten Kartons vom Supermarkt verschicken) dann können Sie diesen Prozess auch an Amazon übertragen, dazu aber später mehr. Auch das Wort Kundenservice sollten Sie großschreiben, antworten Sie auf Nachrichten, auch wenn Sie noch so blöd sind. Seien Sie freundlich zu Ihren Kunden auch wenn diese das nicht zu Ihnen sind, Nehmen Sie ein Produkt im Zweifelsfall lieber zurück als einen Streit mit dem Kunden und daraus folgend eine schlechte Bewertung zu riskieren.

Verkaufen bei Ebay

Wie schon erwähnt kann Amazon am Anfang vielleicht etwas kompliziert sein, sodass ein Verkauf bei Ebay attraktiver erscheint. Die meisten Menschen haben sowieso schon einen Ebay Account, für den Anfang können Sie also mit diesem verkaufen. Wenn Sie allerdings größere Mengen von ähnlichen Produkten verkaufen, dann wird sich mit der Zeit (oder auch ziemlich schnell) das Gewerbeamt für Sie interessieren. Um hier alle Probleme schon im Keim zu ersticken melden Sie am besten ein Kleingewerbe an. Je nach Stadt kostet das etwa 10 – 60 Euro und sichert Sie fürs erste ab. Natürlich ist damit auch ein bisschen Bürokratie verbunden, ohne ein Formular auszufüllen kann man hier in Deutschland schließlich kaum über die Straße gehen, trotzdem sollten Sie diese Hürde auf sich nehmen, der Ärger und eventuelle Bußgeldzahlungen werden Ihnen sonst die Freude an Ihrem neuen Business spürbar trüben. Übrigens gilt dieser Ratschlag unabhängig von der Plattform, auf welcher Sie verkaufen.

Im Gegensatz zu Amazon haben Sie bei Ebay neben dem Festpreis auch die Möglichkeit Ihre Produkte meistbietend zu versteigern. Ob Sie davon Gebrauch machen, hängt letztlich von Ihrer Risikobereitschaft ab. Wenn Sie es schaffen, dass sich zwei oder mehrere Leute einen Bieterkrieg liefern, können Sie ein vielfaches des ursprünglich geplanten Verkaufspreises erzielen, genauso kann es Ihnen aber auch passieren, dass niemand Interesse zeigt und irgendein Glückspilz das Produkt dann für einen Euro kauft. Falls Sie also eine Versteigerung in Erwägung ziehen, sollten Sie im Vorfeld den Markt sondieren und prüfen für welchen Preis vergleichbare Produkte üblicherweise verkauft werden.

Generell sind die Anforderungen an Ihre Produktpräsentation bei Ebay geringer als bei Amazon, so finden Sie bei Ebay beispielsweise reihenweise schlechte Fotos von einer verwackelten Handykamera auf denen man im Hintergrund noch die Einrichtung des Verkäufers erkennt. Amazon besteht dagegen auf Hochglanzfotos, auf denen außer dem Produkt nichts mehr zu sehen ist. Da Sie aber vermutlich die Bilder des Herstellers verwenden werden, spielt dieser Aspekt für Sie keine große Rolle. Die meisten Tipps die für Amazon gelten, lassen sich auch auf Ebay übertragen, wählen Sie die am besten passende Produktkategorie, klären Sie alle Details in Ihrer Produktbeschreibung und sorgen Sie für einen aussagekräftigen Titel, sodass Sie gut gefunden werden.

Selbstverständlich möchte auch Ebay an Ihrem Erfolg teilhaben und verlangt für das Verkaufen eine

Provision. Dabei wird zwischen privaten und gewerblichen Verkäufern unterschieden, erstere zahlen nichts für das Einstellen eines Artikels (außer es werden Zusatzleistungen gebucht) und eine Provision von 10 Prozent auf einen erfolgreichen Verkauf. Für letztere ist die Gebührensituation etwas umfangreicher und hängt von mehreren Parametern, wie etwa der Kategorie ab, genauere Informationen dazu finden Sie bei Ebay selbst:
http://pages.ebay.de/help/sell/businessfees.html

Sowohl privaten als auch gewerblichen Anbietern bietet Ebay mehrere Leistungen an, mit denen sich Ihr Angebot von der Masse abheben soll, ob sich dies für Sie lohnt müssen Sie selbst entscheiden, da man hier, in Abhängigkeit der Kategorie und des Produktpreises, zu unterschiedlichen Ergebnissen kommen kann.

Bei Amazon kaufen, bei Ebay verkaufen

Falls Sie sich als Arbitrageur betätigen wollen, aber sich nicht mit dem Gedanken anfreunden können, in China zu bestellen, dann gibt es noch eine weitere Möglichkeit wie Sie die Preisdifferenzen zwischen zwei Plattformen ausnutzen können. Auch zwischen Amazon und Ebay existieren diese nämlich. Was sich im ersten Moment wie ein schlechter Witz anhört ist tatsächlich real. Auch wenn ich nicht unbedingt versuchen würde davon zu profitieren, da es auch wieder ein paar neue Risiken mit sich bringt. In der Praxis funktioniert das so, dass findige (je nachdem wen man fragt hört man auch andere Begriffe) Händler Amazon Angebote kopieren und dann bei Ebay einstellen, selbstverständlich nicht zum selben Preis, sondern mit Aufschlag. Kauft nun ein Kunde das Produkt bei Ebay, so kauft es der Händler seinerseits bei Amazon und lässt es direkt an den Kunden liefern. Im Prinzip also eine Art Dropshipping. Sollte der Kunde mit dem erworbenen Produkt nun nicht zufrieden sein, holt sich der Händler bei Amazon einen Rücksendeaufkleber und leitet diesen an seinen Kunden weiter. In der Regel bleibt der Amazon Händler dann auf seiner Rücksendegebühr sitzen und der „Zwischenhändler" hat ohne großartigen Zeit- oder Kapitaleinsatz einen netten Gewinn eingestrichen. Zwar sind die Margen nicht so hoch wie bei einem Direktimport aus Asien, dafür kommen aber auch keine lieferbedingten Verzögerungen hinzu. Ähnlich wie bei einem Leerverkauf an der Börse hat der Mittelsmann aber auch die Pflicht das bestellt Produkt tatsächlich zu liefern (so wie ein Aktienhändler eine geliehene Aktie, die er verkauft hat, irgendwann zurück geben muss, egal wie hoch der Kurs dann ist). Wenn also jemand bei Ebay Ihr Produkt kauft und das entsprechende Amazon Produkt dann nicht mehr verfügbar oder inzwischen teurer ist, dann haben Sie ein Problem. Im schlimmsten Fall eines das Sie richtig Geld kostet.

Verkaufen über eine eigene Website

Amazon und Ebay mögen tolle Plattformen sein, die Ihnen eine große Reichweite bringen und vergleichsweise einfach zu nutzen sind. Sie haben aber auch den entscheidenden Nachteil, dass Sie mit Provisionen verbunden sind und diese 10-15 Prozent können manchmal doch ganz schön schmerzhaft sein. Möglicherweise werden Sie also über eine weitere Möglichkeit nachdenken wollen Ihre Produkte an den Mann oder die Frau zu bringen und zwar mittels einer eigenen Website. Vor einigen Jahren war eine solche noch ein teures Unterfangen, musste aufwendig programmiert und gewartet werden und verschlang mal eben mehrere tausend Euro. Glücklicherweise ist das heute nicht mehr so, in Zeiten von Website Baukästen und Shopsystemen kann sich jeder in kurzer Zeit eine eigene Website aufbauen. Ich persönlich würde zu dem CMS WordPress raten, da es kostenlos und einfach zu bedienen ist. Zudem findet man für jeden Zweck eine Vielzahl von, ebenfalls meist kostenlosen, Plugins, mit denen sich fast jede beliebige Funktionalität erreichen lässt. Eine riesige Anzahl an Design Themes lässt darüber hinaus so ziemlich jede optische Variation zu. Egal ob ihre Seite kühl und steril aussehen soll, oder bunt und kreativ, alles ist möglich.

Zu aller erst benötigen Sie einen Hostinganbieter bei dem Sie sich den Speicherplatz mieten, auf dem Ihre Website später laufen soll. Ich würde Ihnen einen empfehlen, bei dem Sie auch direkt den Domainnamen kaufen können, das ist zwar kein Muss, macht die Sache aber etwas einfacher. Persönlich bin ich bei 1&1 und dort auch sehr zufrieden. Das günstigste Paket bei 1&1 kostet gegenwärtig 0,99 Euro pro Monat (für 12 Monate, danach 6,99 Euro pro Monat) also durchaus finanzierbar. In diesem Paket sind auch mehrere Domains enthalten, aber natürlich können Sie auch so viele weitere dazu kaufen wie Sie benötigen.

Stichwort Domain, ähnlich wie bei Ihrem ersten Kind sollten Sie hier nicht den erstbesten Namen nehmen, der Ihnen in den Sinn kommt, sondern lieber fünf Minuten Ihrer Zeit in etwas Gescheites investieren. So sollte der Name so kurz wie möglich sein, Studien zeigen, dass die Anzahl der Besucher abnimmt je länger ein Domainname ist. Außerdem sollten Sie darauf achten, dass der Name verständlich ist, immer mehr Firmen wählen Namen, die grammatikalisch falsch geschrieben sind, teils aus Notwendigkeit, weil viele gute Namen schon vergeben sind, teils weil es irgendwie cool klingen soll. Bedenken Sie aber, dass jemand der Ihren Namen nur hört (beispielsweise im Gespräch mit einem Freund) ihn dann später vielleicht nicht wiederfindet. Auch Anlehnungen an bekannte Marken oder Internetseiten sollten Sie sich sparen, der Abmahnrevolver sitzt locker im Holster der Internetanwälte. Eine Rolle spielt auch die Domainendung, wenn Sie als regionale Marke wahrgenommen werden wollen, dann wirkt eine .com Adresse komisch, umgekehrt, wenn Sie sich an Kunden aus aller Welt richten dann ist eine .de Domain vielleicht nicht die richtige Wahl. Wenn Sie eine Nische gefunden haben, in der es noch gute Internetadressen gibt, dann ist es aus Suchmaschinensicht toll, wenn das Keyword, unter dem Sie hauptsächlich gefunden werden wollen, auch in Ihrer Domain vorkommt. In vielen Branchen sind diese „guten" Adressen aber schon vergeben, sodass Sie sich im Zweifelsfall für einen Fantasienamen entscheiden müssen. Allerdings können Sie auch damit außerordentlich gute Ergebnisse erzielen.

Wenn Sie nun sowohl eine Domain als auch Speicherplatz haben, können Sie diesen nutzen und ein neues Webprojekt starten indem Sie WordPress installieren. Wie schon erwähnt gibt es noch eine Vielzahl anderer Möglichkeiten zu einer eigenen Website zu kommen, dies hängt immer auch davon ab was Sie möchten, eine reine Infoseite zu Ihrem Produkt? Einen einfachen Shop? Oder das volle Programm mit Shop, Blog, Infos und allem Drum und Dran? Ich persönlich bevorzuge WordPress, weil es extrem flexibel ist, Sie können also beispielsweise mit einer einfachen Website anfangen und das Ganze später ausbauen.

Jetzt können Sie auch schon damit beginnen Ihre Website zu gestalten, im Internet gibt es dazu eine Vielzahl von Links und Tutorials (unter anderem auch ein E-Book von mir: Code stinkt – Mit WordPress Webseiten erstellen ohne eine Zeile zu programmieren), deshalb an dieser Stelle nur die absoluten Basics, da alles andere den Rahmen dieses Buches sprengen würde. Zuerst wählen Sie sich ein Theme aus, WordPress bietet Ihnen dazu eine breite Auswahl an kostenlosen Themes. Auf Webseiten wie Themeforest können Sie aber auch kostenpflichtige erwerben, die dann oftmals etwas umfangreicher sind. In Ihrem Dashboard können Sie dann das Erscheinungsbild weiter konfigurieren und zum Beispiel neue Kategorien für Ihre Seite hinzufügen. Der große Vorteil von WordPress sind die Plugins, die sie beliebig installieren und auch wieder deinstallieren können. Sie hätten gerne Social Media Buttons auf der Seite? Möchten Ihre SEO verbessern? Einen Newsletter anbieten? Ihre Seite um einen Onlineshop ergänzen? Alles kein Problem, für jeden dieser Bereiche existieren Plugins, die Ihnen die Arbeit praktisch abnehmen.

Ein weiterer wichtiger Punkt ist das Thema Rechtssicherheit, achten Sie unbedingt darauf, dass

Ihre Website über ein Impressum und eine Datenschutzerklärung verfügt und dass beide für Ihre Besucher gut zu erreichen sind. Leider verdienen sich viele Anwälte Ihren Lebensunterhalt mit Abmahnungen (auch wenn sie dafür vom Gesetz eigentlich nicht vorgesehen sind), achten Sie daher unbedingt darauf Ihre Website rechtssicher aufzustellen. Für Impressum und Datenschutzerklärung gibt es kostenlose Generatoren, in die Sie Ihre Daten eintragen können, bei speziellen Fragen empfiehlt es sich aber möglicherweise doch einen Anwalt zu Rate zu ziehen. Ein beliebter Ansatzpunkt für Abmahnungen sind auch Bilder, wenn Sie solche auf Ihrer Website verwenden, dann achten Sie darauf, dass Sie keine Rechte verletzen. Mit eigenen Bildern können Sie in aller Regel nichts falsch machen, eine Alternative dazu sind Bilder, die unter einem Public Domain stehen, also sowohl für private als auch kommerzielle Zwecke frei verwendet werden dürfen. Natürlich ist dies nur ein sehr kleiner Überblick über ein äußerst umfangreiches Thema und ersetzt keine richtige Beratung. Stellen Sie also sicher, dass Sie die rechtlichen Aspekte selbstständig klären bevor Sie sich dazu entschließend eine eigene Website ins Internet zu stellen.

Wenn Sie erst einmal klein anfangen möchten, ist eine eigene Website sicher nicht nötig. Verkaufen Sie

Ihre Produkte einfach bei Amazon oder Ebay. Ab einem gewissen Punkt sollten Sie sich aber damit auseinandersetzen, eine eigene Seite aufzubauen, da Sie damit einfach eine ordentliche Summe an Gebühren und Provisionen einsparen können. Am sinnvollsten ist es die Seite schrittweise zu erweitern. Starten Sie mit einer reinen Informationsseite, posten Sie relevante Blogeinträge etc. (auch an dieser Stelle können Sie schon Geld verdienen: verlinken Sie einfach per Affiliate Link zu Ihren Amazon Artikeln. Alles was dafür nötig ist, ist eine Anmeldung beim Amazon Partner Network). Sobald Sie sich dann dazu entschieden haben das Ganze etwas größer aufzuziehen können Sie Ihre Seite einfach um einen Onlineshop erweitern.

Die wichtigsten Plugins

Weil es so viele davon gibt möchte ich Ihnen an dieser Stelle einige der besten Plugins für Ihre WordPress Seite vorstellen:

- Wenn Sie aus Ihrer Seite einen Onlineshop machen wollen dann kann ich Ihnen das kostenlose Plugin **WooCommerce** wärmstens empfehlen. Sie können dort selbst Produktkategorien anlegen, Produkte einfügen, Ihren Lagerbestand verwalten, selbst Gutschein Aktionen sind möglich.
- Von alleine werden Sie nicht gefunden, Sie müssen den Suchmaschinen schon ein bisschen zur Hand gehen, dass nennt sich dann SEO. Unterstützt werden Sie dabei vom Plugin **Yoast SEO**. Dieses zeigt Ihnen, wie Sie Ihre Blogbeiträge und Bilder für Suchmaschinen optimieren können, praktischerweise mit einem Ampelsystem. Sie fragen sich warum Sie überhaupt einen Blog schreiben sollten? Nun, je mehr Content Sie auf Ihrer Seite haben, umso eher werden Sie von den Suchmaschinen gefunden (wobei die Qualität Ihrer Beiträge wichtiger sein sollte als die Quantität, sonst können Sie die Leute nicht auf Ihrer Seite halten). Ab einem gewissen Zeitpunkt sollten Sie also einen Blog

auf Ihrer Seite betreiben. Schreiben Sie über neue Produkte, erwähnen Sie positive Testberichte und positive Kundenrezensionen, geben Sie Anwendungstipps für Ihre Produkte. So können Sie sich langfristig eine ganze Community um Ihre Firma herum aufbauen. Dass sich diese dann ganz hervorragend monetarisieren lässt, brauche ich Ihnen ja nicht zu erzählen.
- Sie sollten Ihren Besuchern auch die Möglichkeit bieten mit Ihnen in Kontakt zu treten, entweder per Kontaktformular oder mit Hilfe eines Live Chats, wobei letzterer nur dann Sinn ergibt, wenn Sie auch in der Lage sind sehr zeitnah zu antworten. Ich persönlich bevorzuge das Kontaktformular Plugin von **Contact Form 7** da es einfach zu benutzen und zu konfigurieren ist.
- Um mehr über die Besucher Ihrer Website herauszufinden, sollten Sie auf jeden Fall **Google Analytics** benutzen (aus Datenschutzgründen mit Anonymisierungsfunktion), dazu benötigen Sie lediglich einen Google Account, dann können Sie sich anmelden und erhalten einen Code, den Sie auf Ihrer Website einbinden können (Google erklärt Ihnen das genauer). Nach einigen Tagen Daten sammeln, können Sie dann anfangen Ihre Benutzer zu analysieren.

Sie sehen aus welchen Ländern die Leute zu Ihnen kommen, welche Seiten sie anklicken, wie sie sich durch die Website klicken, welches Geschlecht sie haben, über welche Links sie zu Ihnen kommen und noch vieles mehr, das auch wieder Stoff für ein eigenes E-Book wäre. Mit Hilfe dieser Daten können Sie nun Ihre Website verbessern. Ändern Sie die Seiten, die oft verlassen werden, investieren Sie mehr Geld in Facebook Werbung, wenn Ihnen diese viele Besucher bringt, richten Sie Ihr Angebot stärker auf Frauen aus, wenn Ihre Besucher hauptsächlich weiblich sind und so weiter und so fort. Die ganze Fülle dieser Daten lässt sich bei Google Analytics abrufen, für den schnellen Überblick empfiehlt es sich aber ein Plugin zu installieren welches Ihnen die wichtigsten Daten direkt in WordPress anzeigen kann.
- Ihren Kunden gefällt was sie sehen? Dann sollen sie es auch weitersagen. Gut geeignet dafür sind die Share Buttons von **GetSocial**. Sie können frei auswählen welche sozialen Netzwerke mit Buttons dargestellt werden sollen, wo die Buttons auf Ihrer Seite platziert sind etc.
- Darüber hinaus ist es noch sinnvoll, Plugins zur Erhöhung der Performance Ihrer Seite und deren Sicherheit zu installieren.

Mit diesen Plugins (und den unzähligen weiteren) können Sie eine große Anzahl von Funktionen auf Ihrer Seite einbinden, so können Sie Ihre Seite jederzeit flexibel an Ihre Bedürfnisse anpassen und beispielsweise von einer reinen Informationsseite zu einem Komplettangebot mit Shop, Infobereich etc. wachsen. Wenn Sie sich allerdings von vorneherein auf einen Onlineshop konzentrieren wollen, können Sie sich auch einen Shopanbieter suchen (zum Beispiel Shopify) und sich dort einen Shop einrichten.

On Page/Off Page

Wie schon erwähnt spielt die Optimierung für Suchmaschinen (speziell für Google, alles andere ist praktisch eh nicht existent) eine wichtige Rolle für den Erfolg Ihrer eigenen Website. Auch hierzu möchte ich Ihnen deshalb die wichtigsten Basics vermitteln. Wenn Sie tiefer in die Thematik einsteigen wollen, finden Sie dazu eine Vielzahl an Literatur, Webseiten oder auch Agenturen, die sich für Sie um die SEO kümmern. Unterscheiden müssen Sie zwischen zwei Dingen, Suchmaschinenoptimierung direkt auf Ihrer Seite (On Page) die Sie größtenteils selbst in der Hand haben und Suchmaschinenoptimierung außerhalb Ihrer Seite (Off Page) die etwas schwieriger ist.

On Page SEO betrifft alles, was Sie auf Ihrer Seite optimieren können. Bei WordPress können Sie sich dabei von Plugins wie Yoast SEO unterstützen lassen. Mit Hilfe eines Ampelsystems wird Ihnen bei Ihren geschriebenen Beiträgen angezeigt, welche Parameter Sie noch optimieren können und welche bereits ordentlich sind. Zudem erstellt Yoast eine Sitemap für Ihre Website, was den Suchmaschinen Ihre Arbeit erleichtert. In allen Einzelheiten aufzuzählen, wie Sie Ihre Texte verbessern können würde den Rahmen dieses Buches sprengen, zudem haben Sie dafür ja zukünftig Yoast. Beachten sollten

Sie noch, dass auch die Geschwindigkeit Ihrer Seite und die Darstellung auf Mobilgeräten ein entscheidender Faktor für Ihre Platzierung auf Google sind. Testen Sie deshalb regelmäßig wie schnell Ihre Seite ist und optimieren Sie auf kurze Ladezeiten. Bei WordPress sind die meisten Themes so gestaltete, dass Sie sich auch auf dem Handy oder Tablett ordentlich anzeigen lassen. Trotzdem sollten Sie dies noch einmal persönlich überprüfen, immer mehr Menschen greifen mobil auf das Internet zu, diese Kundengruppe wollen Sie nicht mit einer unübersichtlichen Website verprellen.

Off Page SEO beschreibt alles, was nicht auf Ihrer Seite passiert. Darunter fallen also beispielsweise Links von anderen Websites. Wenn Sie schon ein paar Websites haben oder alternativ auch eine gut gelikete Facebook Seite betreiben, dann können Sie von dort auf Ihre neue Seite verlinken. Das wird Ihnen einerseits Traffic einbringen (und damit potenzielle Kunden) und andererseits zeigt es Google und Co. dass Ihre Seite relevant ist. Dabei gilt natürlich je populärer eine Seite ist, umso wertvoller ist der Link für Sie. Anfangs werden Sie allerdings kaum an Links von großen Nachrichten Seiten kommen, fangen Sie also klein an: ein paar Webseitenverzeichnisse in die Sie Ihre Website kostenlos eintragen können, ein geschickt platzierter Link in einem Forum, Kommentare auf anderen

Seiten und Blogs inklusive Link zu Ihrer Seite. Damit schaffen Sie eine Basis. Stellen Sie sich das ganze wie ein Spinnennetz vor in dessen Mitte Ihre Website sitzt, überlegen Sie dann von welchen Punkten am Rand Sie in die Mitte kommen könnten. Das ist nicht immer einfach und wird auch seine Zeit brauchen. Wenn Sie aber wirklich gute Inhalte auf Ihrer Seite anbieten, dann werden Sie mit der Zeit auch Links bekommen.

Eine weitere Möglichkeit seine Sichtbarkeit zu erhöhen sind Kooperationen mit anderen Webseiten. Wenn Sie auf anderen Seiten einen Gastbeitrag schreiben, dann können Sie von diesem in der Regel auch auf Ihre eigene Seite verlinken (solange es kein direkter Konkurrent ist). Falls Sie nicht wissen wie Sie zum Gastautor werden können, dann machen Sie doch einfach den ersten Schritt: schreiben Sie etwas Positives über eine Firma die Sie sympathisch finden (wenn Sie Halsketten verkaufen z.B. über eine Firma die Halstücher herstellt, dann haben Sie keine direkte Konkurrenz aber eine gewisse Beziehung). Anschließend brauchen Sie nur noch den anderen darauf aufmerksam zu machen. Wie wird er wohl reagieren, wenn positiv über ihn berichtet wird? Die meisten Menschen teilen in diesen Fällen den Artikel mit den Besuchern ihrer eigenen Seite („Hey, schaut mal was [Ihre Firma] tolles über mich geschrieben hat") auf diese Weise können Sie relativ leicht an

Links kommen. Achten Sie aber darauf, dass Sie Ihre Glaubwürdigkeit nicht verlieren, wenn Sie alles und jeden mit Standardsätzen in den Himmel loben bringt Ihnen das nicht den gewünschten Effekt. Lieber Klasse statt Masse.

Auch ein paar Links in den Kommentaren großer Facebook Seiten oder in größeren Facebook Gruppen können Ihnen relativ schnell erste Besucher bringen, allerdings ist der Grat zu unerwünschtem Spam hier sehr schmal und wenn Sie nicht aufpassen, haben Sie schnell ein negatives Image, gehen Sie also sparsam mit dieser Methode um. Besser ist ein sorgsames, organisches Wachstum.

Wenn Sie noch keine Erfahrung mit eigenen Webseiten haben, dann werden Sie sich jetzt vielleicht ein bisschen überfordert fühlen. Es besteht allerdings kein Grund zur Sorge, WordPress (und auch viele Baukastensysteme) sind nicht kompliziert. Setzen Sie sich ein paar Stunden hin und Sie haben die erste Website fertig, wenn Sie dann noch etwas üben und rumprobieren, dann werden Sie schon nach relativ kurzer Zeit in der Lage sein durchaus ansehnliche Webprojekte umsetzen zu können, übrigens ohne auch nur eine einzige Zeile Code schreiben zu müssen, da WordPress einen WYSIWYG Editor verwendet. Das bedeutet, dass alles, was Sie im Textfeld eingeben später auch so erscheint, Sie müssen nicht per HTML die Schriftfarbe ändern oder Überschriften hinzufügen, sondern können das ganz einfach per Menü machen, ähnlich wie in Word. Sollten Sie doch einmal auf Probleme stoßen, finden Sie natürlich auch eine Vielzahl von Anleitungen, Ratgebern und Video Tutorials im Internet.

Andere Plattform

Keine Lust auf Ebay und Amazon? Eine eigene Website ist Ihnen zu aufwendig? Macht nichts, es gibt schließlich auch noch andere Möglichkeiten um Geld zu verdienen. Rakuten beispielsweise. Bei selbstgemachten (oder solchen die man dafür halten könnte) Produkten bietet sich auch Etsy an. Dazu kommen noch Plattformen, die sich auf eine bestimmte Branche oder Produktkategorie spezialisiert haben. Falls Sie auch damit nicht glücklich werden, können Sie auch normale Onlineshops anschreiben und fragen ob diese Ihre Produkte in ihr Sortiment aufnehmen wollen. Statt einer Verkaufsprovision müssen Sie diesen Händlern dann allerdings einen niedrigeren Preis bieten. Trotzdem kann sich ein solcher Deal lohnen, wenn ein Händler große Mengen Ihres Produktes absetzen kann. Irgendwann werden dann vermutlich auch andere Händler auf Sie zukommen und fragen ob Sie Ihre Produkte ins Sortiment nehmen dürfen.

Auf vielen Hochzeiten tanzen

Sie sollten für sich die Entscheidung treffen, ob Sie auf möglichst vielen Plattformen präsent sein wollen, oder ob Sie Ihre Kunden lieber nur über einen einzigen Vertriebskanal erreichen möchten. Eine richtige Entscheidung gibt es dabei nicht. Wenn Sie auf vielen Plattformen verkaufen, dann ist natürlich die Wahrscheinlichkeit gefunden zu werden deutlich höher, zudem können Sie dann auch einfacher mit Preisen spielen und vergleichen wie sich das Kaufverhalten der Kunden ändert. Dafür müssen Sie natürlich mit einer erhöhten Komplexität leben, bei mehreren Plattformen den Überblick über Lagerbestände und der Versand –bzw. Bezahlstatus von Paketen zu behalten, kann durchaus herausfordernd sein. Umgekehrt ist eine einzelne Plattform nicht so aufwendig aber Sie werden vermutlich auch etwas weniger verkaufen.

Reinvestieren

Der Anfang ist gemacht, jetzt kann es weiter gehen. Wenn Ihr Geschäft anläuft, dann denken Sie auch daran rechtzeitig Nachschub zu bestellen. Mit Produktion und Transport per Schiff kann es schon mal zu Verzögerungen kommen, nicht dass Ihnen am Ende die Kunden die Bude einrennen und Sie sie wegschicken müssen, weil Sie ausverkauft sind. Da Sie mit jedem Verkauf auch einen ordentlichen Gewinn einstreichen (falls Sie richtig kalkuliert haben) müssen Sie auch nicht warten bis Sie Ihren gesamten Lagerbestand verkauft haben um neu zu investieren. Lassen Sie sich allerdings nicht von den ersten Erfolgen blenden, die Versuchung mag groß sein nun gleich deutlich mehr zu bestellen, oder weitere Produkte in Ihr Sortiment aufzunehmen. Bedenken Sie immer, dass Sie den Verlust einer kompletten Lieferung notfalls verschmerzen können müssen. Zusätzliche Produkte sind zwar grundsätzliche eine gute Idee, da Sie so Ihr Risiko besser streuen können, allerdings tendieren viele Menschen dazu die Basics aus den Augen zu verlieren, wenn es anfängt gut zu laufen. Stürzen Sie sich nicht Hals über Kopf auf neue Produkte, sondern prüfen Sie weiterhin sorgfältig die Margen, bestellen Sie Samples um die Qualität zu testen und suchen Sie solange bis Sie den perfekten Lieferanten gefunden haben.

Aufgabe

Die schönste Aufgabe im ganzen Buch. Fangen Sie an Geld zu verdienen. Verkaufen Sie Ihre Produkte auf einer Plattform Ihrer Wahl (vorher sollten Sie ein Gewerbe anmelden) und reinvestieren Sie die Erlöse in den Aufbau Ihrer Firma.

Skalieren

An dieser Stelle sollten Sie sich schon einen netten Nebenverdienst erschlossen haben, aber wie das eben so ist: man kann nie genug haben. Deshalb möchte ich Ihnen an dieser Stelle noch zeigen wie Sie ihr Business skalieren und automatisieren können. Das Ziel sollte dabei sein, dass Ihr Einkommen weiter wächst während Ihre Arbeitsbelastung zurück geht, solange bis Sie irgendwann mit einem genüsslichen Grinsen im Gesicht bei Ihrem Chef kündigen können. Klingt utopisch? Ist aber mit den richtigen Mitteln und Strategien durchaus machbar.

Toll ein anderer machts

Produkte in China zu bestellen und dann hier zu verkaufen ist toll, aber es bringt eben auch Arbeit mit sich, Sie müssen sich um die Logistik kümmern, Lieferungen annehmen, Pakete verschicken, mit Reklamationen umgehen. Alles Dinge die beim ersten Mal neu und aufregend sein können, einem aber nach kurzer Zeit zum Hals raushängen. Warum also nicht versuchen diesen Teil des Geschäftes auszulagern? Wäre es nicht super, wenn Sie sich rein um das Verkaufen kümmern könnten und die lästige Logistik einem anderen überlassen würden? Ihrem Lieferanten beispielsweise? Das Zauberwort hierfür heißt Dropshipping. Sie verkaufen die Waren und der Lieferant liefert direkt aus Asien zu Ihrem Endkunden, ohne dass Sie die Ware je zu sehen bekommen. Klingt traumhaft oder? In der Regel werden Sie nicht von Anfang an einen Dropshipping Deal bekommen. Es gibt zwar Verkäufer, die so etwas direkt anbieten, aber möglicherweise nicht in der von Ihnen ausgesuchten Nische. Bauen Sie also zuerst mit mehreren kleinen und größeren Bestellungen eine Beziehung zu Ihrem Lieferanten auf, wenn Sie sich näher kennen können Sie dann das Dropshipping zur Sprache bringen. Alles was Sie dann noch machen müssen, ist Ihre Produkte über Ihre diversen Vertriebskanäle zu verkaufen und die Adressen an Ihren Lieferanten weiterzuleiten, der im

Anschluss direkt aus China an Ihre Kunden versendet. Per Luftfracht ist die Ware in zwei bis drei Tagen da, das kostet natürlich etwas mehr Versand, aber Heutzutage erwarten die meisten Kunden sowieso kostenlosen Versand, schlagen Sie die Versandkosten also einfach auf den Produktpreis drauf, Sie werden immer noch ein günstiges Produkt anbieten können. Da Sie die Waren in diesem Modell nicht zu sehen bekommen, ist es natürlich von größter Wichtigkeit, dass Sie einen Lieferanten haben, der eine ordentliche Qualität sicherstellen kann, sonst werden Sie bald von Reklamationen überhäuft. Reklamationen gehen nämlich beim Dropshipping üblicherweise zu Lasten des Mittelsmannes (d.h. Ihnen) auch wenn einige Händler so kulant sind, die entsprechenden Waren komplett zurück zu nehmen. Dieser Nachteil wird allerdings von der Tatsache, dass Sie praktisch Ihre komplette Logistik an den Hersteller auslagern mehr als aufgewogen. Übrigens gibt es auch in Europa Dropshipping Anbieter, da viele von denen aber wiederum selbst in China bestellen, macht es nur begrenzt Sinn einen weiteren Mittelsmann zu bezahlen, Sie sollten also eher danach streben einen exklusiven Dropshipping Deal auszuhandeln.

Fulfillment by Amazon (FBA)

Die Möglichkeit Ihre Logistik outzusourcen gefällt Ihnen? Aber Sie möchten sich dabei nicht auf Ihren Lieferanten in China verlassen? Kein Problem, für das es keine Lösung gäbe: Sie können das Verschicken Ihrer Pakete nämlich auch an Amazon übertragen. Das Ganze nennt sich dann Fulfillment by Amazon. Dazu schicken Sie einfach die Waren, die Sie verkaufen möchten, an Amazon. Amazon kümmert sich dann um das Verpacken, den Versand und die eventuell anfallenden Rücknahmen. Theoretisch können Sie die Waren von Ihrem Lieferanten sogar direkt in die Amazon Lagerhäuser liefern lassen, allerdings hat dies wieder den Nachteil, dass Sie die Qualität nicht vorher prüfen können, zudem bietet Amazon diesen Service auch nicht aus reiner Nächstenliebe an, sondern möchte Geld dafür sehen. Wie viel das ist können Sie mit einem von Amazon bereitgestellten Rechner im Vorfeld kalkulieren (https://sellercentral-europe.amazon.com/fba/profitabilitycalculator/index?lang=de_DE). Einerseits kommen hier zwar wieder Kosten auf Sie zu, andererseits bietet sich Ihnen die Möglichkeit einen eher langweiligen Teil Ihres Geschäftes an einen anderen zu übertragen und sich selbst auf die spannenden Dinge zu konzentrieren. Ein weiterer Aspekt ist die Lieferzeit, von Amazon selbst verschickte Pakete sind meist in sehr kurzer

Zeit beim Kunden, während Sie als Privatperson vermutlich nicht zweimal am Tag zum nächsten Paketshop fahren werden. Fulfillment by Amazon kann daher ein möglicher Zwischenschritt zwischen selbst verschickten Paketen und einem Dropshipping Deal mit dem Hersteller in China sein. Wenn Sie sich Sorgen um die Qualität machen, können Sie sich die Waren auch zunächst nach Hause liefern lassen. Nach einer Inspektion Ihrerseits schicken Sie sie dann weiter zu Amazon die den anschließenden Versand an den Endkunden übernehmen. Auch bei einer eventuellen Expansion ins Ausland kann FBA ein nützliches Instrument sein, anstatt immer hohe Versandkosten zu bezahlen um Ihre Waren zu Kunden in Spanien oder Frankreich zu schicken, können Sie auch einfach einmal eine größere Lieferung an die Amazon Lagerhäuser in den entsprechenden Ländern liefern lassen und anschließenden zum Inlandsversandpreis versenden lassen.

Tools

Sie sind nicht der Einzige, der in seiner Freizeit lieber am Strand Sandburgen bauen will, als seine Geschäftsprozesse zu analysieren und optimieren. Weil auch viele andere Menschen Ihre knappe Zeit so effizient wie möglich nutzen wollen, gibt es eine Reihe von Tools, die Ihnen das Leben leichter machen können.

- **Primer:** Kein klassisches Tool das sofort weiterhilft, sondern eher eine Investition in die Zukunft. Bei Primer handelt es sich um eine zu Google gehörende App, die Ihnen dabei helfen soll mehr über Werbung, Strategie etc. zu lernen. Die angenehm kleinen Lektionen lassen sich zum Beispiel bearbeiten während man auf eine Verabredung wartet oder im Restaurant auf sein Essen.
- **Blog Topic Generator:** Wenn Sie eine eigene Website betreiben und dort in Ihrem Blog regelmäßig Artikel veröffentlichen, stehen Sie vielleicht irgendwann vor dem Problem, dass Ihnen keine Themen mehr einfallen wollen. Alles schon mal dagewesen, nichts Neues mehr. Aber natürlich gibt es auch dafür eine Lösung: geben Sie einfach ein paar Keywords in den Blog Topic Generator ein und schon erhalten Sie Themenvorschläge für neue

Beiträge. Das funktioniert nicht immer perfekt, aber oft kommen schon nette Sachen dabei heraus. Teilweise schreiben sich die Beiträge zu den vorgeschlagenen Überschriften sogar fast wie von selbst.
- **Buffer und Hootsuit:** Wenn Sie sich daran machen eine Marke aufzubauen werden Sie wohl auch in den sozialen Medien unterwegs sein. Schnell werden Sie merken, dass es recht anstrengend ist, Ihre Artikel und Beiträge auf mehreren Plattformen zu posten. Buffer und Hootsuite nehmen Ihnen dies ab, Sie können bequem planen wann und wo Ihre Artikel veröffentlicht werden sollen. Buffer ist hierbei intuitiver zu bedienen während Hootsuite mit einem größeren Funktionsumfang punktet. Beide Tools lassen sich mit einer Gratis-Version nutzen. Für fortgeschrittene Bedürfnisse stehen dann später Bezahlversionen zur Verfügung.
- **Google Webmaster Tool:** Ebenso kostenlos wie Google Analytics aber nicht ganz so bekannt. Das Google Webmaster Tool stellt Ihnen Informationen über Ihre Website und deren Performance zur Verfügung. Zur Nutzung reicht ein normaler Google Account aus.
- **SERPs Rank Checker:** Wenn man sich schon die Mühe macht seine Website für

Suchmaschinen zu optimieren dann möchte man doch bitte auch Ergebnisse sehen. Der SERPs Rank Checker zeigt Ihnen, wie Sie für eine Reihe von Keywords in den Suchergebnissen ranken.

- **Freemind:** Die Gedanken sind frei und mit Freemind kann man sie sogar darstellen. Das kostenlose Tool erlaubt das Anfertigen von Mindmaps. Ideal für den Anfang, wenn man sich Gedanken zu einem Produkt macht. Aber auch in späteren Phasen, wenn man sich entscheiden muss in welche Richtung man seine Firma lenken will, kann es sehr hilfreich sein seine Gedankengänge grafisch darzustellen.

Selbstverständlich ist dies nur eine kleine Auswahl. Zu jedem Themenbereich gibt es unzählige weitere Tools, egal ob SEO, Influencer Marketing oder Twitter Analyse. Viele Tools sind sogar kostenlos oder bieten zumindest eine abgespeckte Gratis-Version an mit der man über die grundlegenden Funktionen verfügt. Probieren Sie einfach aus was für Ihre Bedürfnisse am meisten Sinn macht.

Was mache ich überhaupt noch hier?

Wenn man die Logistik outsourcen kann, warum dann nicht auch noch andere Dinge? Warum in einer trostlosen Großstadt festsitzen, wenn man seinen Lebensunterhalt doch auch am Strand verdienen könnte? In der Tat ist es möglich, dass Sie auch noch weitere Aufgaben delegieren und sich ganz auf die Kernaspekte Ihrer Firma konzentrieren können (rein theoretisch können Sie auch die Kernaspekte an andere übertragen, wenn Sie damit klarkommen, dass so Ihr Unternehmens Know How in fremde Hände gelangen könnte). Zur Suchmaschinenoptimierung Ihrer Website ist es beispielsweise hilfreich, wenn sie mit einer gewissen Regelmäßigkeit neuen, attraktiven, Content produzieren der Menschen auf Ihre Website lockt. Falls Sie das nicht selbst machen wollen, können Sie dafür aber auch recht einfach einen Freelancer beauftragen, entsprechende Portale gibt es zuhauf. Wenn Sie im englischsprachigen Bereich unterwegs sind, können Sie sich sogar über ziemlich niedrige Preise freuen da praktisch die ganze Welt englisch spricht und somit um Ihren Auftrag konkurriert. Sie können sich also relativ problemlos Ihre Blogartikel auf den Philippinen oder in Nigeria schreiben lassen. Anhand der Bewertungen können Sie auch leicht erkennen, welche Anbieter Content in einer guten Qualität liefern und von welchen Sie eher die Finger lassen sollten. Wenn Sie sich eher an deutschsprachige Kunden richten wollen, können Sie die Freelancer Portale natürlich ebenfalls nutzen, haben aber natürlich nicht dieselbe riesige Auswahl und müssen auch etwas mehr bezahlen. Lassen Sie sich davon aber nicht entmutigen, auch in Deutschland oder Österreich werden Sie günstige Anbieter finden und wenn Ihr Geschäft erst mal eine bestimmte Umsatzschwelle überschritten hat, macht es sogar sehr viel Sinn diesen Teil auszulagern da er von Spezialisten einfach sehr viel besser übernommen werden kann. Alles was Sie dann noch machen müssen, ist Ihrem Schreiberling die Themen vorzugeben. Selbstverständlich müssen Sie sich nichts schreiben lassen, auch mit anderen Formaten wie Videos können Sie experimentieren (YouTube ist immerhin die zweitgrößte Suchmaschine der Welt, Sie sollten dort also präsent sein). Schauen Sie einfach mal was Ihnen alles so angeboten wird.

Ein anderer Punkt, den Sie auslagern können, wäre Ihr Kundenservice. Wenn Sie es leid sind Fragen zu Ihren Produkten zu beantworten (die Sie auf Ihrer Website schon lang und breit erklärt haben) dann heuern Sie doch einfach einen Virtual Assistent an, der Ihnen dies abnimmt. Oder möchten Sie Ihr Import Geschäft richtig groß aufziehen und benötigen einen Businessplan um einen Bankkredit zu bekommen? Auch das können Sie gegen einen moderaten Geldbetrag von einem Freelancer erledigen lassen (falls sie eben gewillt sind die dafür nötigen Interna herauszugeben). Egal welche Arbeit Sie nicht mehr erledigen wollen, Ihre Chancen stehen sehr gut, dass Sie jemand finden der gewillt ist Ihnen diese Aufgabe abzunehmen.

Das Angebot erweitern

Wie schon erwähnt, wirkt es manchmal etwas seltsam, wenn Sie nur ein einzelnes Produkt über Ihre Website verkaufen, eine solche ist aber recht nützlich da Sie Ihnen Gebühren und Provisionen spart. Im nächsten Schritt könnten Sie also dazu übergehen, Ihr Angebot um ähnliche Produkte zu erweitern und einen Onlineshop zu einem bestimmten Thema zu schaffen. Ein erster Ansatz um herauszufinden was sich gut verkauft ist die „andere Kunden haben gekauft" Zeile bei Amazon, die Ihnen anzeigt welche Produkte gerne in Kombination gekauft werden. Wenn Sie mit Ihrem Lieferanten zufrieden sind, dann schauen Sie doch mal welche Produkte Sie noch von ihm beziehen könnten (nicht vergessen: Samples bestellen. Nur weil Produkt A toll war, muss das nicht für Produkt B gelten). Am Anfang sollten Sie sich hauptsächlich auf die Produkte konzentrieren die oft gekauft werden und Ihnen so ordentlichen Gewinn bringen, wenn Sie dann gut im Geschäft sind, können Sie auch solche Produkte in Ihr Sortiment aufnehmen die nicht so oft gekauft werden oder keine extrem hohe Marge garantieren, aber zu einem umfassenden Angebot einfach dazu gehören (in einem Onlineshop für Heimwerker Zubehör erwartet man einfach dass man einen Hammer kaufen kann, auch wenn vermutlich weitaus mehr Nägel verkauft werden). Natürlich ist

„noch ein weiterer Onlineshop" kein übermäßig innovatives Geschäftsmodell. Nichtsdestotrotz können Sie damit auch heute noch einiges an Geld verdienen, solange Sie sich die richtige Nische ausgesucht haben. Auch wenn Sie nur einer von vielen Anbietern in Ihrer Produktkategorie sind, muss noch nichts verloren sein, es gibt ja auch andere Faktoren, mit denen Sie punkten können. Ein sehr guter Kundenservice wäre eine Möglichkeit. Auch extravagante Werbung, die mit wenig Einsatz viel Wirkung erzielt, kann Sie weit nach vorn bringen (Stichwort Guerilla Marketing).

Differenzieren

Anstatt Ihr Angebot rund um das bestehende Produkt zu erweitern, können Sie natürlich auch nochmals in eine komplett andere Branche einsteigen. Das hat zwar den Nachteil, dass Sie vermutlich nicht mit Ihrem bestehenden Lieferanten zusammenarbeiten können, sondern sich nochmals einen zusätzlichen suchen müssen, was natürlich eine gewisse Komplexität mit sich bringt. Dafür bekommen Sie aber einen zusätzlichen Einkommensstrom, unabhängig von Ihrem ersten und damit eine größere Sicherheit. Wie heißt es doch an der Börse? Das einzige was es kostenlos gibt ist Diversifikation. Um diesen Effekt voll auszuschöpfen müssen Sie natürlich darauf achten, dass das zusätzliche Produkt nichts mit Ihrem bisherigen Produkt zu tun hat. In diesem Kontext erscheint auch die Tatsache, dass Sie einen weiteren Lieferanten brauchen auf einmal wieder positiv, immerhin können Sie nun Ereignisse wie die Insolvenz Ihres Lieferanten oder einen plötzlichen Qualitätsabfall seiner Produktion besser verkraften, da Sie ja noch ein zusätzliches Einkommen haben. Falls Sie dagegen über eine eigene Website verkaufen wollen, dann kommt jetzt ein wenig Arbeit auf Sie zu da Sie eine weitere Seite aufbauen müssen. Andererseits wer weiß? Vielleicht wird es ja Ihr Ding zwei grundsätzlich gegensätzliche Produkte in einem

Shop zu verkaufen. Ein gewisses Marketing Potenzial ist da durchaus gegeben.

Personalisieren

Eine weiter interessante, wenn auch schwierige, Möglichkeit sich von der Masse anderer Anbieter abzuheben sind personalisierte Produkte. Dabei gibt es zwei Versionen: Produkte, die komplett individuell für den Kunden angefertigt werden und Massenprodukte, die lediglich durch einen Aufdruck oder eine Gravur individualisiert werden. Ein Beispiel für ersteres wären zum Beispiel Gemälde, die nach einem Foto für den Kunden angefertigt werden. Ich war auch erst etwas erstaunt als ich das erste Mal davon hörte, tatsächlich gibt es aber eine florierende Kunstindustrie in China die fleißig den Pinsel schwingt um Haustiere auf die Leinwand zu bannen und Familien in Öl festzuhalten. Es liegt auf der Hand, dass Sie für ein solches Produkt mehr verlangen können als für ein Plastikteil, das im drei Sekundentakt von einer Maschine ausgespuckt wird.

Die andere Möglichkeit sind Produkte die zwar in Masse gefertigt, dann aber in einem weiteren Schritt individualisiert werden. Ein Beispiel wären Handyhüllen, denen ein bestimmtes Logo aufgedruckt wird, Pokale mit einer bestimmten Gravur oder Textilien mit Monogramm. Gerade Dinge, die nur bedruckt werden müssen, stellen in der Regel kein großes Problem dar, fragen Sie einfach Ihren Hersteller ob so etwas möglich ist.

Eine Art Hybrid zwischen individuell hergestellten Produkten und Massenware sind Dinge die zwar nach dem gleichen „Bauplan" erstellt werden, aufgrund des Materials aber nie völlig gleich aussehen und deshalb Unikate sind. Vor allem Waren die aus Naturprodukten wie Leder oder Holz gefertigt werden zählen dazu.

Der große Vorteil von personalisierten Produkten liegt darin, dass Sie in der Regel erhebliche Einschränkungen bei der Rücknahme machen dürfen, was sich natürlich positiv auf Ihren Gewinn und Ihren Arbeitsaufwand auswirkt. Natürlich sind Sie dafür bei der Auswahl Ihrer Hersteller etwas eingeschränkt, da nicht jeder so etwas anbieten wird. Es ist allerdings auch nicht bei jedem Produkt sinnvoll, ein Lufterfrischer auf dem Klo muss nicht zwangsläufig mit meinen Initialen verziert sein, sondern in erster Linie gut riechen. Überlegen Sie sich also gründlich ob Sie bei Ihrem Produkt einen Vorteil haben, wenn Sie eine individualisierte Variante anbieten können. Stichwort Variante: es kann natürlich Sinn machen gleich zwei Versionen anzubieten, die einfache Standardversion für den preisbewussten Kunden und die individualisierte Premiumversion für den, der sich etwas gönnen möchte. Aber das hängt natürlich auch von der Art Ihres Produktes ab.

Marke aufbauen

Die Königsdisziplin wäre es schließlich, wenn Sie es schaffen eine eigene Marke aufzubauen. Wenn Sie das hinbekommen, dann können Sie Ihre Preise nochmals deutlich erhöhen (bzw. wenn Sie einen solchen Status anstreben, sollten Sie von Anfang an keine Dumpingpreise haben) weil die Leute alleine dafür zahlen sich mit Ihrem Markennamen zu schmücken. Natürlich ist das auch mit ein paar zusätzlichen Kosten verbunden, so sollten Sie sich beispielsweise Ihren Markennamen schützen lassen, dafür müssen Sie mit 300 Euro für zehn Jahre rechnen (damit ist Ihnen ein deutschlandweiter Schutz Ihrer Marke garantiert). Außerdem brauchen Sie natürlich ein Logo, wobei dies kein großer Kostenfaktor ist. Im Internet gibt es kostenlose Logo Generatoren die Sie benutzen können. Für einen ersten Entwurf absolut ausreichend. Wenn der Rubel später dann richtig rollt steht es Ihnen natürlich auch frei für mehrere tausend Euro einen spezialisierten Logo Designer anzuheuern. Sollte es Ihnen an Kreativität und Geld mangeln dann beauftragen Sie einfach einen günstigen Freelancer. Bereits für wenig Geld (unterer zweistelliger Euro Bereich) bekommen Sie hier sehr schöne Ergebnisse. Wenn Sie dann einen Markennamen und ein Logo haben, dann geht es daran Ihre Marke bekannt zu machen. Da Sie vermutlich nicht das Geld für teure

Fernsehwerbung haben müssen Sie hier etwas kreativ vorgehen. Zuerst überlegen Sie sich wer Ihre Zielgruppe ist und welches Image Ihre Marke haben soll (Trendy? Klassisch? Elegant?), im nächsten Schritt überlegen Sie sich dann wer diese Werte am besten repräsentiert und versuchen diese Personen für Ihre Marke zu gewinnen. Am einfachsten geht dies über Social Media. Suchen Sie sich Personen oder Seiten, die Ihre Marke bekannt machen könnten und versuchen Sie diese dazu zu bekommen für Sie Werbung zu machen. Bei kleineren Bloggern und Instagram Sternchen mit vier- bis fünfstelliger Followerzahl reicht dabei meistens eine gratis Produktprobe, um einen netten Artikel oder ein Foto mit dem Link zu Ihrer Amazonseite zu bekommen. Je bekannter die Person ist, die Sie als Markenbotschafter gewinnen wollen, umso mehr müssen Sie natürlich investieren. Während sich Lieschen Müller mit einem Gratisprodukt zufriedengibt, möchte Kim Kardashian schon mal einen hohen fünfstelligen Betrag für ein Instagram Bild. Aber verzagen Sie nicht, wenn Sie solche Summen nicht investieren können, vielleicht finden Sie ja auch jemand der sich auf eine Beteiligung an den Verkäufen einlässt (Für jedes Produkt, das Sie über Ihren Werbebotschafter verkaufen, erhält er eine gewisse Provision). Letztendlich gibt es hier eine Vielzahl von Möglichkeiten, sodass Sie selbst entscheiden müssen was für Sie am besten funktioniert. Generell kann man aber sagen, dass es Social Media Seiten sehr einfach machen, in kurzer Zeit eine hohe Aufmerksamkeit zu generieren. Vor allem Plattformen, die noch nicht komplett durchkommerzialisiert sind (wie Snapchat) sollten Sie dabei ins Auge fassen, hier können Sie oft noch Menschen finden die Ihr Produkt für einen recht geringen Beitrag bewerben.

Natürlich müssen Sie niemanden für etwas bezahlen das Sie im Prinzip auch selbst können. Sich bei sozialen Medien eine Anhängerschaft aufzubauen dauert zwar in vielen Fällen seine Zeit, doch immer wieder gibt es Personen, Dinge oder Tiere, die in kürzester Zeit zu Internetberühmtheiten werden. Wenn Sie mit Ihren Produkten viral gehen möchten, dann fangen Sie am besten an Videos auf YouTube zu posten. Vor allem wenn Sie etwas kaputt machen können, ist das praktisch schon eine Garantie für ein paar Millionen Views, denken Sie nur an die unzähligen Videos in denen Menschen Ihre Handys auf kreative Art und Weise zerstören (oder falls Sie es seriöser möchten: die „will it blend" Videos eines amerikanischen Küchengeräteherstellers). Ich bin sicher Sie werden einen originellen Weg finden Ihre Zuschauer zu amüsieren und Ihr Produkt in den Mittelpunkt zu stellen.

Natürlich müssen Sie keine Marke aufbauen, immerhin ist das auch mit Kosten verbunden und ob es gelingt steht auch nicht fest. Da Sie bei Alibaba überaus günstige Einkaufspreise haben, können Sie mit den allermeisten Händlern auch einfach über den Preis konkurrieren. Dann können Sie sich in den meisten Fällen auch teure Marketing Maßnahmen sparen, da der Preis Ihr bestes Verkaufsargument ist.

Zu schnell zu viel

Auch wenn Sie nun einiges über das Skalieren Ihres Business gelesen haben sollten Sie nicht den Fehler machen zu schnell zu viel zu wollen. Stellen Sie immer sicher, dass Sie nachhaltig wachsen, Sie wollen ja nicht irgendwann ein Koloss auf tönernen Füßen sein, sondern sich eine sichere und dauerhafte Einkommensquelle erschließen. Investieren Sie also nur so viel, wie Sie tatsächlich können. Lösen Sie nicht Ihren Bausparvertrag auf um Containerweise Waren aus Asien zu importieren, nur weil sich die erste Ladung gut verkauft hat. Fangen Sie nicht an Lagerräume zu mieten und Mitarbeiter einzustellen nur weil Sie bei Amazon etwas Geld verdient haben. Achten Sie lieber auf ein organisches Wachstum. Investieren Sie nur so viel in eine einzelne Lieferung, dass Sie einen Verlust verkraftet können. Darüber hinaus sollten Sie sobald wie möglich versuchen sich möglichst breit aufzustellen. Bieten Sie nicht nur ein Produkt an, sondern mehrere (am besten von unterschiedlichen Lieferanten). Ob es sich um Produkte der gleichen Kategorie handelt oder ob Sie in ein völlig neues Feld einsteigen ist letztlich Ihre Sache. Hauptsache Sie stellen sich breiter auf, so können Sie unvorhergesehene Ereignisse leichter verkraften.

Aufgabe

Ab einer bestimmten Größe gibt es keine Blaupause für ein erfolgreiches Import Geschäft mehr. Sie müssen nun selbst entscheiden in welche Richtung Sie sich entwickeln wollen: Möchten Sie einzelne Produkte aus vielen unterschiedlichen Sparten anbieten? Möchten Sie sich als Anbieter in einer bestimmten Branche etablieren? Möchten Sie eine starke Marke aufbauen oder lieber über den Preis konkurrieren? Egal wofür Sie sich entscheiden, die richtige Wahl gibt es nicht denn viele Wege führen nach Rom (d.h. zur finanziellen Unabhängigkeit).

Was Sie jetzt tun sollten

Ich gehe davon aus das 95% der Menschen, die dieses Buch gelesen haben das Gelesene nicht umsetzen werden. Sie werden sich sagen, dass sich ja alles gut anhört aber es doch irgendwo einen Haken geben muss. Sie werden sagen, dass die Zeit gerade knapp ist. Sie werden sagen, dass schon alle guten Nischen besetzt sind. Sie werden Entschuldigungen finden. Ich hoffe, dass SIE zu den 5% gehören die anders sind. Lesen Sie nicht einfach nur und nicken dazu mit dem Kopf, fangen sie an etwas zu machen, setzen Sie die Aufgaben, die in manchen Kapiteln gestellt werden, um. Schritt für Schritt. Fangen Sie klein an, sehen Sie es als Hobby. Die meisten Menschen investieren hohe Summen in Ihre Hobbys, hier können Sie eines finden mit dem Sie sogar noch Geld verdienen. Es wird nicht über Nacht geschehen, machen Sie sich da keine Illusionen aber möglich ist es definitiv. Sie werden auch immer wieder auf Probleme stoßen, manche sind absehbar (wenn Sie groß genug werden kommen diverse administrative Aufgaben auf Sie zu) andere werden Sie überraschen. Lassen Sie sich davon nicht aus der Bahn werfen. Wenn es schief laufen sollte, dann probieren Sie es eben noch einmal, sehen Sie das Ganze erst mal als Spiel bei dem Sie nur gewinnen können, im besten Fall verdienen Sie eine Menge Geld, im schlechtesten

Fall sammeln Sie zumindest noch Erfahrung (vielleicht können Sie diese ja in einem Buch verarbeiten).

Schlussendlich würde ich mich auch freuen auf diesem, etwas ungewöhnlichen Weg, gleichgesinnte, gründungsinteressierte, Menschen kennen zu lernen, da in meinem Freundeskreis die Begeisterung für Entrepreneurship so ziemlich gegen Null geht.

Weitere Infos

Wie anfangs erwähnt war es mein Ziel Ihnen mit diesem Buch einen Überblick über die Thematik „Importieren von Produkten aus Asien" zu verschaffen. Ich hoffe, dass mir dies gelungen ist. Persönlich bin ich der Meinung, dass man in der Praxis am meisten lernt, also einfach rausgehen und versuchen das Gelernte umzusetzen. Allerdings kann ich auch verstehen, dass manche Menschen gut vorbereitet sein wollen, alle möglichen Eventualitäten wird man zwar nie abdecken können, aber für diejenigen denen die bisherigen Infos nicht ausreichen habe ich hier noch ein paar Quellen für weitergehende Informationen bereitgestellt.

Bücher

Mir persönlich fällt das Lernen mit Büchern einfacher als mit Webseiten oder Onlinekursen. Aus diesem Grund möchte ich Ihnen zuerst ein paar Bücher empfehlen, die mir auf meinem Weg sehr geholfen haben. Anfangs war ich versucht an dieser Stelle Afiliate Links zu den entsprechenden Büchern bei Amazon zu setzen. Ich habe mich allerdings dagegen entschieden, weil ich nicht möchte, dass Sie das Gefühl haben, ich würde Ihnen hier etwas verkaufen wollen. Deshalb gibt es keine Links, alle Bücher, die ich hier aufzähle haben mir sehr geholfen und waren interessant zu lesen. Wenn Sie eines oder mehrere davon kaufen möchten, finden Sie im Internet zahlreiche Anbieter.

The 100 Dollar Startup. Fire your boss, do what you love and work better to live more (Chris Guillebeau): man braucht keine Millionen Investments um eine eigene Firma aufzubauen, auch drei- oder niedrige vierstellige Beträge können dafür ausreichen. Mit vielen Beispielen zeigt der Autor wie es möglich ist aus sehr geringen Einsätzen etwas aufzubauen.

Kopf schlägt Kapital und **Wir sind das Kapital** (Günter Faltin): Wenn ich ein Buch zum Thema Entrepreneurship mit auf eine einsame Insel nehmen könnte, dann würde ich mich wohl für „Kopf schlägt

Kapital" entscheiden. Meiner Meinung nach eines der besten deutschsprachigen Bücher zum Thema, geschrieben von einem der es wissen muss: Günter Faltin, Gründer der Teekampagne. Es heißt zwar, dass Fortsetzungen selten so gut sind wie das ursprüngliche Buch, aber auch „Wir sind das Kapital" kann ich uneingeschränkt weiterempfehlen. Besonders wenn Sie noch ein wenig unter Motivationsproblemen leiden sollten Sie einen Blick in eines (oder beide) der Bücher werfen. Ich hatte nach der Lektüre richtig Lust ein neues Projekt zu starten.

SEO für Startups (Christian Schwarz): Wenn Sie sich für eine eigene Website entscheiden, werden Sie um das Thema SEO nicht herumkommen. Wenn Sie über genügend Kapital verfügen, können Sie das Ganze natürlich auslagern, allen anderen kann ich mein Buch „SEO für Startups – Mit kleinem Geld zu großem Erfolg" empfehlen. Unterteilt in Off Page SEO, On Page SEO und allgemeine SEO Strategien erhalten Sie hier auf über 500 Seiten Ratschläge wie Sie Ihre Webseite für Google und Co. optimieren.

Meine Marke (Hermann H. Wala): Wenn Sie sich mit Ihrem Import Business nur einen kleinen Nebenverdienst erschließen wollen wird Sie das Thema „Marke" eher nicht betreffen. Wer allerdings hoch hinaus will, wird über kurz oder lang nicht daran vorbei kommen sich mit dem Aufbau einer eigenen Marke zu befassen. „Meine Marke" eignet sich gut als Einstieg in den Themenbereich. Anhand einiger der berühmtesten Marken der Welt werden Sie verstehen was eine gute Marke ausmacht. Natürlich lassen sich nicht alle Erkenntnisse eins zu eins auf Ihre kleine Ein Mann Firma übertragen, nichtsdestotrotz haben Sie nach der Lektüre dieses Buches einen ersten Eindruck gewonnen und können entscheiden in welche Richtung sich Ihre Firma entwickeln soll.

Code stinkt –Mit WordPress Webseiten erstellen ohne eine Zeile zu programmieren (Christian Schwarz): Ein bisschen Eigenwerbung muss auch sein, wer noch tiefer in das Thema „eigene Webseite mit WordPress" einsteigen will der findet hier eine Anleitung, die alle Basics abdeckt. Angefangen von der Auswahl der Domain und des Hostinganbieters bis hin zur Erklärung des WordPress Dashboards. Mit diesem E-Book haben Sie in ein paar Stunden ihre eigene Webseite im Internet.

Mit diesen zusätzlichen Informationen sollten Sie gut gerüstet sein. Machen Sie allerdings nicht den Fehler die Theorie über die Praxis zu stellen. Sie können jeden Tag ein Buch lesen, trotzdem werden Sie nie alles zu diesem weitläufigen Themengebiet wissen. Sie sind dann zwar irgendwann sehr belesen, haben aber praktisch nichts vorzuweisen. Fangen Sie stattdessen lieber an das Gelesene auch umzusetzen (sobald Sie sich eben wohl damit fühlen, was sicher von Mensch zu Mensch unterschiedlich ist). Sie werden zwar Fehler machen, Sie werden auf Probleme stoßen, Sie werden manchmal frustriert sein. Aber Sie werden auch Erfolgserlebnisse haben. Sie werden merken, dass viele Probleme nur dann groß erscheinen, wenn man im Vorfeld über sie nachdenkt, wenn sie erst mal da sind, findet man in der Regel auch Lösungen dafür.

Schreiben Sie mir

Sie denken, dass Sie gerade ein neues Lieblingsbuch gefunden haben? Wollen mich für den Literaturnobelpreis vorschlagen? Dann schreiben Sie mir. Sie ärgern sich über das gezahlte Geld? Dann schreiben Sie mir. Sie haben Anregungen oder Verbesserungsvorschläge? Dann schreiben Sie mir. Egal ob positiv oder negativ (solange es zivilisiert ist) ich freue mich immer über Mails.

Sind noch einige Fragen offengeblieben? Hätten Sie an einer Stelle mehr Details erwartet? Sind andere Stellen zu abschweifend? Dann schreiben Sie mir. Frei nach Sepp Herberger: nach dem Ebook ist vor dem Ebook. Die Planungen für die Version 2.0 laufen schon, aber noch können Sie mitbestimmen wie diese aussehen soll.

Wenn Ihnen das Buch gefallen hat, freue ich mich natürlich immer über eine positive Bewertung, generell hat aber jede Bewertung etwas Gutes, wenn Sie also der Meinung sind, dass dieses Buch den Strom, den es auf dem Kindl verbraucht, nicht wert ist dann können Sie selbstverständlich auch das schreiben.

alibaba@schwarz-christian.com

SEO für Startups

Mit kleinem Geld zu großem Erfolg

Christian Schwarz

Mit wenig Geld viele Menschen erreichen?

Ein Problem vor dem viele Startups stehen. Schließlich nützt die beste Geschäftsidee und das coolste Produkt nichts, wenn niemand davon erfährt.

Kein theoretisches „Von oben herab" Lehrbuch, sondern ein praktischer Leitfaden der auch dem kompletten Anfänger hilft schnell erste Erfolge im Bereich SEO zu erleben und das Ranking der eigenen Webseite signifikant zu verbessern!

Aus dem Inhalt:

- Wie funktioniert SEO überhaupt?
- SEO Lexikon
- On Page Optimierung
- Off Page Optimierung
- Content
- International vs. Lokal
- SEO Strategien
- SEO Tools
- SEO Troubleshooting
- Und was kommt dann?

Das geballte SEO Wissen für Startups auf über 500 Seiten!

Auch die Praxis kommt natürlich nicht zu kurz, über das gesamte Buch hinweg werden immer wieder Tools vorgestellt, mit denen man das Ranking der eigenen Seite verbessern kann und mehr Besucher auf die Seite lockt.

Egal ob Sie ein Startup gründen möchten, gegründet haben oder frischen Wind in Ihre alte Firma bringen wollen, SEO wird Ihnen helfen neue Zielgruppen zu erschließen und mehr Leute auf Ihr Projekt aufmerksam zu machen!

Beginnen Sie jetzt Ihre persönliche Erfolgsgeschichte! Dieses Buch hilft Ihnen und Ihrem Startup auf dem Weg zur SEO Exzellenz!

Content Marketing für Startups

Mit kleinem Geld zu großem Erfolg

Christian Schwarz

Mit wenig Geld viele Menschen erreichen?

Ein Problem vor dem viele Startups stehen. Die Antwort darauf lautet Content Marketing! Mit keiner anderen Marketing Form lassen sich **größere Reichweiten** mit geringerem Kapitaleinsatz erzielen.

Kein theoretisches „von oben herab" Lehrbuch sondern ein praktischer Leitfaden der auch dem kompletten Anfänger hilft schnell erste Erfolge mit Content Marketing zu erleben!

Aus dem Inhalt:

- Was ist Content Marketing?
- Der richtige Content für die richtige Zielgruppe
- Vom Thema zum Content
- Content Arten
    - Blog Beiträge – der Klassiker
    - Bilder/Zitate/Fun Facts – sagen mehr als 1000 Worte
    - Infografiken – alles auf einen Blick

- Videos – das Fernsehen des kleinen Mannes
- Podcasts – das unterschätze Medium
- Quiz – weil wir alle gern spielen
- PDFs und Checklisten – haben wir alles?
- User generated Content – sparen Sie sich die Arbeit
- Kommentare und Gastbeiträge – hier geht es rund
- E-Books – viel hilft viel
- Zweitverwertung Content
- Social Media Plattformen
- Content Marketing mit WordPress
- Content verbreiten

Das geballte Content Marketing Wissen auf über 400 Seiten!

Auch die Praxis kommt natürlich nicht zu kurz, über das gesamte Buch hinweg werden immer wieder Tools vorgestellt mit denen man hochwertigen Content für seine User schaffen kann.

Egal ob Sie ein Startup gründen möchten, gegründet haben oder frischen Wind in Ihre alte Firma bringen wollen, Content Marketing wird Ihnen helfen neue Zielgruppen zu erschließen und mehr Leute auf Ihr Projekt aufmerksam zu machen!

Zu jedem der Content Medien gibt es ein kleines Kapitel mit Erfolgsgeschichten. Es motiviert eben ungemein wenn man sieht was andere mit geringen Mitteln schon geschafft haben.

Beginnen Sie jetzt Ihre persönliche Erfolgsgeschichte! Dieses Buch hilft Ihnen und Ihrem Startup auf dem Weg zur Content Marketing Exzellenz!

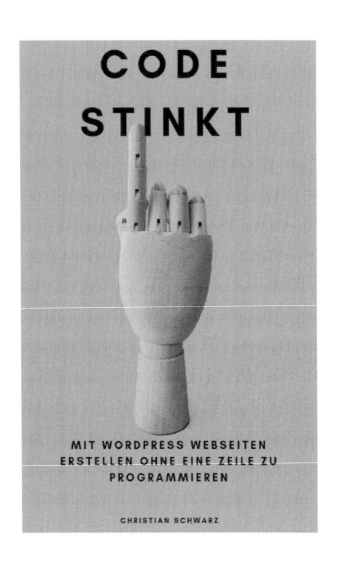

In 2 Stunden zur eigenen Webseite!

Professionell aussehende Webseiten zu bauen ist nicht länger ein Privileg von Computer Nerds. Mithilfe des **kostenlosen** (!) und weitverbreiteten (über 30% aller Webseiten weltweit) Content Management Systems WordPress, kann jeder in kurzer Zeit seine **eigene Website** aufsetzen.

Vorkenntnisse irgendeiner Art sind dazu nicht nötig. Im Prinzip gilt: wenn Sie einen Computer einschalten können, dann werden Sie auch mit WordPress zurechtkommen.

Ein Buch für den absoluten Beginner! Viele Screenshots verdeutlichen die ausführlichen Anleitungen!

Aus dem Inhalt:

- Was ist WordPress
- Hosting
- Die Domain

- WordPress installieren und verwenden
- Ihre eigene WordPress Webseite
- Die Seite mit Inhalt füllen
- Google Analytics
- DSGVO

Das Buch beginnt mit den absoluten Basics, setzt keine Vorkenntnisse voraus und bringt einem schnell ansehnliche Erfolge. Der Webdesigner für zehntausende Euro wird dadurch überflüssig.

Egal ob für den privaten Blog oder ein größeres Webprojekt, beruflich oder privat, mit WordPress können Sie so ziemlich alles umsetzen. In diesem Buch lernen Sie die Grundlagen dafür.

Mit diesem E-Book an Ihrer Seite wird die eigene Webseite zum Kinderspiel!

Printed in Great Britain
by Amazon